人と組織の「アイデア実行力」を高める

OST 実践ガイド

オープン・
スペース・
テクノロジー

香取一昭＋大川 恒

英治出版

人と組織の「アイデア実行力」を高める
OST実践ガイド

香取一昭
大川恒

英治出版

Open
Space
Technology

はじめに

アイデアを実行するためには？

グーグルの創業者ラリー・ペイジが、母校のミシガン大学の卒業式で行ったスピーチをご存じでしょうか？　彼が卒業生たちに伝えたかったのは、「実行することの大切さ」でした。

グーグル創業のアイデアは、夜中に突然ひらめいたそうです。ふつうならそのまま寝てしまうところを、彼はアイデアを実現する方法を一晩かけて考え、翌日にはもう実現に向けて行動を始め、現在のグーグルの原型を築いていきました。「アイデアを思いついたら、とにかく行動することの大切さ」を伝える好例でしょう。

とはいえ、自分で〈すごい！〉と思うアイデアや、前からやってみたいことがあったとしても、躊躇してしまい、実現に向けた一歩を踏み出せないでいる人は多いのではないでしょうか？

それは、その人の意志や行動力が足りないからなのでしょうか。ラリー・ペイジは、ひらめいたアイデアと計画を教授に相談したところ、何も言わずに好きなようにやらせてくれた経緯を述べています。「アイデアを実行することの大切さ」がわかっていても、行き詰まったときに話し相手となってくれる人や、自分の弱みや足りないところを支援してくれる仲間がいなければ、行動に移せず、ひとりで悶々と悩んでしまうのも仕方のないことです。

しかし、アイデアや企画を発表し、いっしょに活動する人を募ることができるような場があれば、物事はすぐに動き出すかもしれません。実際、さまざまなコミュニティや組織で、アイデアの実行を促す場づくりが盛んになっているのです。

そこで注目されている手法のひとつが、本書で紹介するＯＳＴ（オープン・スペース・テクノロジー）です。

ＯＳＴとは、「実行したいアイデア」「解決したい課題」「探求したいテーマ」を参加者が提案し、それに賛同する人が集まって話し合うことにより、具体的なプロジェクトを生み出したり、テーマについての理解を深めたりするためのワークショップ手法です。その手順はとてもシンプルで、大まかには以下のようなプロセスをたどります。

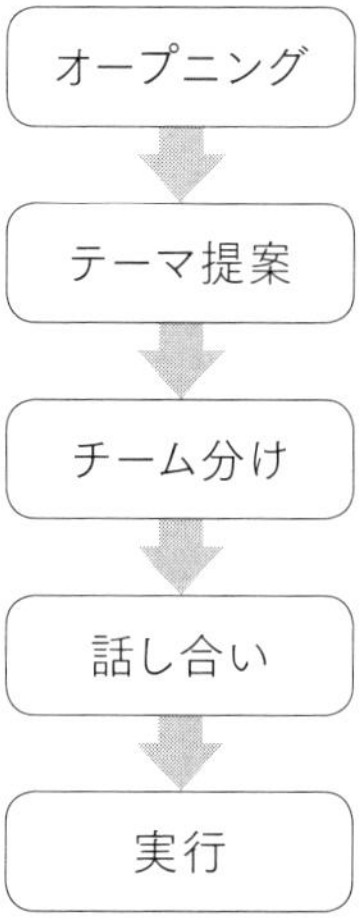

ＯＳＴの進め方については第２章で詳しく説明しますが、このプロセスによってつくられる〈場〉には、次のような特徴があります。

- 参加者の自発性が尊重される
- 思いや情熱を伝え、仲間を募ることができる
- 最も貢献できるテーマに移動できる
- ダイアログによって、個々の違いを超えた深い合意に導く
- 参加者が十分に貢献できる環境を大切にする
- 主体的な行動を喚起するグラウンド・ルールを共有する

現代は、ＶＵＣＡの時代と言われています。これは、Volatility（変動）、Uncertainty（不確実）、Complexity（複雑）、Ambiguity（曖昧）の頭文字をとった造語で、変化のスピードが速く、不確実性が高く、複雑性が増していて、曖昧な時代を表す言葉です。私たちを取り巻く環境は急速に変化し、きわめて予測困難な様相を呈しています。そこでは、これまでのやり方や価値を見直し、提供価値や業務プロセスを革新するイノベーションが求められています。

しかし、組織階層のトップの人でも、「正しい」意見や施策を持っているわけではありません。また、トップダウンで戦略を進める方法にも限界があります。複雑な時代だからこそ、異なる視点や考えを持った人が、所属や立場を超えて集まり、自由に意見を交換して対話することで、新しい可能性を探求し、すべての人がリーダーシップを発揮することが求められているのです。

ＯＳＴは、どのような立場の人であっても、リーダーシップを発揮する場を創造する手法として評価されています。

本書執筆の経緯

私たちはこれまで、ワールド・カフェやOSTに代表される「ホールシステム・アプローチ」の手法や「学習する組織」の考え方を活用して、組織開発や地域コミュニティ開発のコンサルティングを数多く手がけてきました。

私たちが行うワークショップでは、まず自分たちの組織やコミュニティの〈ありたい姿〉について、ワールド・カフェのような手法を用いて、じっくりと話し合います。そのうえで、OSTを活用して、検討したいテーマや実現したいプロジェクトについて、参加者同士で自主的に話し合ってもらいます。その結果、ワークショップ終了後も活動が継続し、具体的な成果が生まれることも珍しくありません。

こうしたワークショップを行うたびに感動することがあります。それは、参加者の一人ひとりが、しっかりとした自分の考えを持ち、積極的に発言し、実行しようとしていることです。一方で、企業の経営幹部の方からは、こんな悩みを打ち明けられることがよくあります。

「言われたことはそつなくこなすが、自分から積極的に行動を起こさないのは残念でならない。ビジネスを取り巻く環境は目まぐるしく変わり、競争は激化する一方だ。そんな状況ではイノベーションが必須なんだが、これではとても対応できない」

OSTを用いたワークショップの場で起こっていることと、企業幹部が感じていることとの落差は、いったい何なのでしょうか？

こうした問題を解決するヒントになるのが、「OSTにおける場づくりとファシリテーションのあり方」だと、私たちは考えています。

OSTのファシリテーターは、これまでのような指示命令型のリーダーではありません。参加者が自由に自分の意見を述べ、実現したい未来に向けて仲間を募り、行動を起こすようなリーダーシップを育む場づくりを支援しているのです。

OSTは、すでにさまざまな組織やコミュニティで活用されています。とはいえ、「どのようなことを大切にすべきか」「どこに注意すべきか」「どのような事例で活用されているのか」といったことについて、具体的に整理された情報はほとんどありませんでした。

そこで私たちは、これまで10年以上にわたってOSTファシリテーターを養成してきた経験と、日本各地で開催されてきたさまざまな事例から得られた知見を結集し、日本の読者にとって実践の手引きとなるような本をつくりたいと考えました。

さらに、ＯＳＴのファシリテーターが実践している〈場づくり〉と〈ファシリテーション〉は、単にワークショップの場だけでなく、日常の組織マネジメントの場でも活かすことができると考えています。これまで、「ＯＳＴは、リーダーシップを生み出す場として機能する」という視点からは、ほとんど語られてきませんでした。

本書では、「ＯＳＴから、どのようなリーダーが生まれてくるのか」「そうしたリーダーを生み出すために、ＯＳＴの手法やプロセスに組み込まれている仕組みは何なのか」「ＯＳＴにおけるファシリテーターの態度や振る舞い」などを明らかにしようとしています。

自分が属しているチーム、組織、コミュニティにおいて、自発的な取り組みを促したいと考えているファシリテーターの方はもちろん、企業の組織開発、新規事業開発、人事の担当者、あるいは経営者や幹部など、自律的な組織をつくりたいと考えている方々にも、ＯＳＴの手法を理解し、その効力を実感していただけると考えています。

ＯＳＴへの本質的な理解が深まることによって、組織開発やコミュニティ開発などのさまざまな分野で、意味のある結果を生み出す効果的な手法として、ＯＳＴが広く活用されていくことを心から願っています。

目次

人と組織の「アイデア実行力」を高める　ＯＳＴ実践ガイド

第2章 OSTを実践しよう

第3章 OSTのファシリテーションと組織マネジメントへの示唆

第4章 OSTを柔軟かつ創造的に活用する

第5章

ＯＳＴの実践事例

CASE STUDY

終章

OSTが育むリーダーシップがもたらす個人、組織、社会のあり方

付録

OST

序章

今なぜオープン・スペース・テクノロジーなのか？

実行につながる場づくりとは？

これまで、企業やまちづくりの現場では、トップダウンで物事を決めてきました。しかし、それだけではうまく実行に移せないという認識が広がっています。そこで、問題解決や、ビジョン共有、コミュニケーションの活性化、チームビルディングなど、さまざまなワークショップが行われるようになりました。そうしたワークショップでは、新しいプロジェクトや、新しい取り組みが始まることを期待することが多いようです。

ワークショップを開催すると、会話は盛り上がり、多くのアイデアが生まれます。しかし、ワークショップが終わると、素晴らしかったはずのアイデアは、ほとんどが実行されずに放置されたままになってしまいます。

なぜなのでしょうか？

そこには、組織構造上の問題や、アイデアそのものの現実性など、さまざまな要因がありますが、ひとつには、参加者がワークショップの掲げるテーマに情熱と責任を持って参加していないからかもしれません。このような場合、トップの意向でイノベーション・プロジェクトや変革プロジェクトを始めても、建設的なアイデアが生まれるとはかぎりません。また、ワークショップが単なる不満のはけ口として使われることにもなりかねません。会社や行政から、「これを皆さんにやってもらいたい」と求められても、参加者の意欲や情熱がなければ、価値ある実行に結びつく可能性は低いでしょう。

こうしたことが重なった結果、「ワークショップでは、アイデアはそれなりに出てくるが、実行に移されたためしがない」という不満の声が吹き出したのではないかと考えています。

また、こんな声も耳に入ってきました。「ワールド・カフェで素晴らしいアイデアが出たから、それを活かして、アイデアを実現したい」「課題の解決策を実行することで、課題で苦しんでいる組織や人を助けたい」「そんな実行の起点となる場をつくりたい」といった声です。「そんな場があれば、熱意のある人が、他の仲間を募ってチームで取り組んでいけるのに」という悔しさが伝わってきました。ワールド・カフェを開催したあと、実行につながる場づくりが行われなければ、その場で生まれたアイデアや解決策は実行されずに終わってしまうのです。

こうした不満から、実行につながる場づくりが求められるようになってきました。

リーダーは、どこから出現するか？

参加者がテーマに情熱を持って参加し、リーダーシップが醸成されている場があること が実行の有無を左右します。

以前、ある企業のトップからこんな声を聞きました。

「社員に自由な意見やアイデアを求めても、出てくるのは不平や不満ばかりで、自ら進んで建設的なアイデアを提案し、実行する者がいない。これからは役職者だけでなく〈皆がリーダー〉になってくれないと、会社の将来はないのだが……」

しかし、この会社には、自ら進んでアイデアを出し、実行していくようなリーダーは本当にいないのでしょうか？

私たちは、ＯＳＴの数々の優れた事例に接し、自らも実施するなかで、リーダーは出現の機会を待っているのだと確信するようになりました。この会社の問題は、リーダーがいないことではなくて、リーダーが生まれてくる場がない、あるいは適切な場をつくることができていないことにあるのです。

ＯＳＴの場から、自ら進んでアイデアを出し、実行していくようなリーダーが生まれるのは、ＯＳＴの仕組みやプロセスによるところが多いと考えています。実際に以下のような事例のなかで、そんなリーダーが生まれてきています。

ある企業で、新規事業を含む来期の事業体制と配属を決めるために、ＯＳＴを用いたワークショップが行われました。そのとき、ある分科会で、オペレーターの女性社員が、他の参加者から意見を求められました。オペレーターの仕事を通して、顧客のクレームや要望を聞いていたその女性社員は、新しい事業へのクレーム内容の活かし方を提案しました。その意見は新規事業に採用され、その女性社員は事業を牽引していったそうです。

本書の〈第５章　ＯＳＴの実践事例〉で紹介する〈ｅｄｃａｍｐ Ｋａｍａｋｕｒａ〉に参加した青野秀哉さんは、ＯＳＴに参加したことでそれまで気づかなかった自分の思いを自覚し、「あつまれつるっ子」というコミュニティを立ち上げたり、「都留から日本を変える！　教育フォーラム」というイベントを実現したりしました。同じく〈ｅｄｃａｍｐ Ｋａｍａｋｕｒａ〉に参加した下向依梨さんは、小学校の教員でしたが、〈ｅｄｃａｍｐ Ｋａｍａｋｕｒａ〉に参加したことがきっかけとなり、日頃から関心を持っていたフィンランド教育についての学びを深めるために、自ら新しいプロジェクトを始めました。

〈大成建設〉が文京区で行ったOSTに参加した瀬川智子さんは、以前から防災ステークホルダーが一堂に集まり、企業や大学が連携して首都直下型地震に備えることが必要だと考えていましたが、具体化の糸口が見つからずにいました。しかし、企業、行政、市民の垣根を超えて開催されたワークショップに参加して、自分の思いを提案することにより、いっしょにプロジェクトを進める仲間を得ることができました。

こうした事例は、自由なアイデアを述べ、協力する仲間を募る場をつくることができれば、潜在的なリーダーが自発的に出現することを物語っています。

OSTは、安全で安心できるオープンな場を用意し、ファシリテーターがコントロールを手放すことにより、リーダーが出現する場をつくります。そして、OSTファシリテーターのこうした行動や手法は、急激な環境変化への対応力を高めるためにメンバーの自発性を引き出したいと考える企業やコミュニティのリーダーが、日常の組織運営を行ううえで、大切な指針となるべきものです。

メンバーがリスクを感じることなく、思ったことを率直に言えるような雰囲気をつくり、リーダーが権限を手放してメンバーの行動を制限しないようにできれば、おのずとメンバーのリーダーシップが育まれていくのではないでしょうか。

ＯＳＴの起源

ＯＳＴは、組織開発コンサルタントであり、写真家でもあるハリソン・オーエンにより１９８５年に開発されました。

彼は自分が経験した２つの出来事がきっかけとなって、ＯＳＴを考案したと語っています。

①リベリアの集落における成人式

最初の出来事は、オーエンが１９６０年にフォトジャーナリストとしてアフリカのリベリアを訪問したときのことです。

彼が訪れた集落では、５００人あまりの人々が参加する大規模な成人式のイベントが行われていたのですが、実行委員会らしきものがないことに彼は気づきました。全体の進行を指揮するリーダーのような存在がいないにもかかわらず、全体が見事な調和を持って進行していることに彼は驚いたそうです。

このリベリアの集落における成人式には、次のような特徴があったのです。

● 全員が自律的に動いている
● 一人ひとりがどのように場に貢献するか、何をしたいか、すべきかを自主的に考えながら行動しているように見える
● 全員がその場にいることを楽しみながら力を合わせている
● その場にいる人の活動を指示・命令している管理者がいない

②国際会議でのコーヒータイムの話し合い

もうひとつの出来事は、オーエンが、ある国際会議を企画・運営したときのことです。かなりの時間と情熱をかけて準備を行ったおかげで、会議は成功裏に終えることができました。しかし、会議の終了後、参加者に意見を聞くと、多くの人から次のような感想が寄せられました。

「会議そのものも素晴らしかったが、本当に有意義だったのは、コーヒー・ブレイクの時間だった」

オーエンは、その言葉に大変ショックを受けたと振り返っています。そのときの反省から、コーヒー・ブレイクの時間の真価を会議そのものの運営に活かすべく開発したのがＯＳＴだったのです。

ＯＳＴの全体的な流れと特徴

ＯＳＴの全体的な流れを図で示すと、**図0-1**のようになります。各フェーズでは、以下のようなことが行われます。

●**オープニング**　参加者はサークルの形になって座り、ファシリテーターがＯＳＴの目的とプロセス、グラウンド・ルールを説明します。

●**テーマ出し**　情熱を持って取り組みたいテーマを持っていて、仲間と話し合いたいと思っている参加者が、テーマを参加者全員に提案します。

図0-1　OSTの全体的な流れ

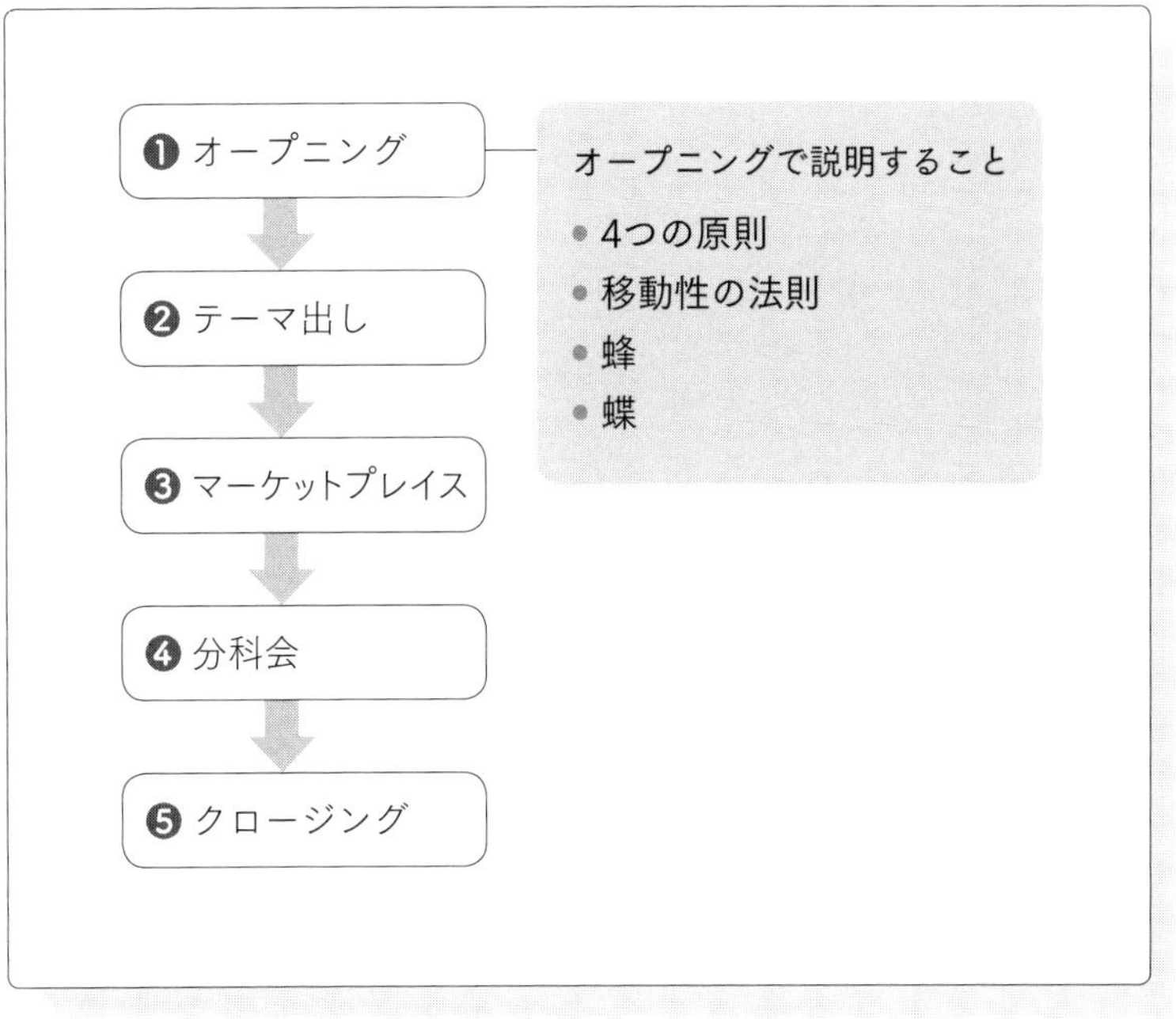

●**マーケットプレイス**　提案者以外の参加者がどのテーマに参加するかを選び、グループをつくります。

●**分科会**　グループごとにそれぞれの部屋や決められた場所に分かれて、自主的に分科会の話し合いを運営します。

●**クロージング**　ＯＳＴの最後に、始まったときと同じようにサークルになって座り、感想を述べ合います。

ＯＳＴとは、実行したいアイデア、解決したい課題、探求したいテーマを参加者が提案し、それに賛同する人が集まって話し合うことにより、具体的なプロジェクトを生み出したり、テーマについての理解を深めたりするためのプロセスです。

ＯＳＴの場の最大の特徴は、何について話し合うのか、どのように話し合いを進めるのかなどを参加者が自主的に決めて進行することです。さらに、ＯＳＴの場は、以下のような特徴を持っています。

- 思いや情熱を持ったテーマを伝え、仲間を募ることができる
- どの分科会に参加するかは自由に決めることができる
- 自分が最も貢献できるテーマの分科会に移動できる
- 情熱と関心を持って取り組みたい人が集まって話し合うことができる

このような特徴があるからこそ、ＯＳＴの場が、個人の自主性や自発的なチームとしての協働能力を最大限に引き出すことができるのです。また、単に場の仕組みだけでなく、ファシリテーターの態度や振る舞いも、参加者の自主性やリーダーシップを引き出せるか

どうかに重要な役割を果たします。

　社員が真に取り組みたいと考えることを自発的に提案し、それに賛同する社員が集まってチームをつくり、実行することが可能な組織は、ＶＵＣＡの時代にも競争力を発揮します。それを、どんな組織でも起こりやすくする仕掛け、場づくりがＯＳＴなのです。


「オープン・スペース・テクノロジー」というと、ＩＴの技術的な用語に見えてしまい、理解しづらいかもしれません。しかし、「オープン・スペース」は「(対話の)広場」、「テクノロジー」は「(対話の)手法」を意味しています。ファシリテーションの分野では「ＯＳＴ《オーエスティー》」という略称が一般的になっているので、本書でもそれに従うことにします。

　ＯＳＴを開催するにあたっては、参加者の規模に制約はありません。大規模なものでは、２０００人以上で実施した事例もあります。たとえば、コロンビアのボゴタで、１８００人の子どもたちと３００人の教師が参加して開催されたケースが報告されています。* 日本でも、ある外資系の製薬会社が２０００人弱の営業職の社員を集めて開催した例があります。

* Peggy Holman, *Engaging Emergence*, Berrett-Koehler Publishers, 2010

日本におけるOSTの開催

筆者の香取は、OST創始者のハリソン・オーエンが2007年に来日したときに開催されたワークショップで、初めてOSTを体験しました。そこで初めて知った「4つの原則」や「移動性の法則」というグラウンド・ルールや、オーエンの独特なファシリテーションスタイルには、大いに驚かされました。そして、OSTについてもっと研究し、実践していこうと考えました。

また、もうひとりの筆者の大川が代表を務める株式会社HRTでは、2010年からOSTファシリテーターの養成講座をスタートし、併せてOSTを体験できる場も設けるようになりました。日本全体でも、OST開催支援への要望がしだいに増加し、開催回数も着実に増えてきました。

そうしたなかで、OST単体として開催されるだけでなく、他のさまざまな手法と組み合わせて活用される事例も多くみられるようになりました。

具体的には、ホールシステム・アプローチのもうひとつの手法であるワールド・カフェや、AI(アプリシエイティブ・インクワイアリ)、フューチャーサーチ、アイデアソン、ハッカソン、アート・オブ・ホスティング、フューチャーセッションといった、さまざまなワークショップ手法のなかで、ＯＳＴの手法が用いられることも多くなりました。なお、企業における活用については、戦略的なテーマが扱われることから、外部に公表されない事例も多いと思われます。

人やチームが実行に踏み出す起点をつくる

ＯＳＴを用いたワークショップを始めるとき、私たちはよく次のように語ります。

「ワールド・カフェでは、話し合いの細かい内容についてファシリテーターが介入することはありません。しかし、テーマについては、主催者ないしファシリテーターが提示する〈問い〉について話し合っていただくのが一般的です。これに対して、ＯＳＴの場合は、何について話し合うのかも含めて、すべて参加者主導で決めていきます。ですから、この会が有意義なものになるかどうかは、皆さん次第なのです」

このように、ＯＳＴをより良いものにするためには、参加者の自発性が求められます。

いくつもの分科会に参加してもＯＫ、参加しなくてもＯＫです。自分たちで決めていく場なのです。ＯＳＴは参加者一人ひとりを信じるアプローチであり、哲学であるとも言えます。

ＯＳＴは、自然に人と人がつながり、新しいものが生まれてくるのをサポートする仕組みです。そして、行動への起点づくりを実現してくれるのです。

第1章

リーダーが生まれてくる土壌をつくるOST

ＯＳＴが育むリーダーとは何か？

ＶＵＣＡの時代で、ビジネスを取り巻く環境が急激に変化しつつある今、これまでのやり方を見直して業務を変革するイノベーションの必要性が叫ばれています。組織においてイノベーションを起こすためには、異なる視点、立場、組織の人々が自由に意見を交換して、新しい可能性を探求する必要があります。さらに、経営陣や管理職の人だけでなく、全員がリーダーシップを発揮できる環境を整備する必要があります。そこで、組織のすべての人に新しいタイプのリーダーシップが求められているのです。

従来型のリーダーは、自らの役職や肩書の持つ権限を基盤として、自ら組織の方向性を決定し、自ら旗を振ってリソースを集め、目的の実現に向けて組織の構成員を叱咤激励してきました。しかしながら、それではＶＵＣＡの時代の激しい変化に対応できなくなってきました。

それに対して、新しいタイプのリーダーは、役職や肩書の持つ権限の力に頼らずに、新しいアイデアの実現や課題解決に向けて、同じ関心や興味を持ちながらも、さまざまな視点、立場、組織の人々と協働して推進していきます。

そんな新しいタイプのリーダーを育成するのがＯＳＴなのです。強い意志を持って、積極的に一歩前に踏み出し、思いを共にする仲間と行動を起こすならば、あなたもリーダーなのです。序章で何人かの事例を紹介しましたが、ＯＳＴをきっかけとして、すでに多くの新しいタイプのリーダーが生まれています。では、なぜＯＳＴが新しいタイプのリーダーを生み出すことができるのでしょうか？　それを、ＯＳＴから生まれる新しいリーダーの特徴とともに見ていくことにしましょう。

❶強い意志と責任感を持って参加する

ＯＳＴの場から生まれるリーダーの第１の特徴は、自分の提案に対して、強い意志と責任感を持っていることです。ＯＳＴが成功するための鍵は、情熱と責任感を持った人が参加するかどうかにあると言われています（図1-1）。

ＯＳＴでは主体性が重んじられます。参加者は分科会で検討するテーマを提案する自由もありますが、提案しない自由もあります。特定の分科会に参加しても、そこで自分が

図1-1　OSTが育むリーダーの特徴

OSTの場の特徴		OSTが育むリーダーの特徴
参加者の自発性が尊重される	➡	強い意志と責任感を持って参加する
思いや情熱を伝え、仲間を募ることができる	➡	積極的に前に踏み出す勇気を示す
最も貢献できるテーマに移動できる	➡	権限ではなく、態度と姿勢でリーダーシップを発揮する
ダイアログによって個々の違いを超えた深い合意に導く	➡	「ディスカッション」ではなく「ダイアログ」により合意形成する
参加者が十分に貢献できる環境を大切にする	➡	メンバーが力を発揮できる環境を整える
主体的な行動を喚起するグラウンド・ルールを共有する	➡	メンバーのリーダーシップを育む場を生み出し、維持する

貢献する機会がないと思えば、他の分科会に移動してもよいのです。そして、そもそも、どの分科会にも参加しないという自由さえも認められているのです。

私たちが企業などでOSTのファシリテーションを実施すると、「ひとりセッション」をする参加者が出てくることもあります。たとえば、ある企業でOSTをやったときのことです。いくつかのテーマが提案されたため、どのテーマに参加したいかを表明するマーケットプレイス（第2章で詳述します）を行ったところ、あるテーマには希望者が誰も集まりませんでした。

私（香取）がそのテーマの発案者に「参加希望者がいませんが、おひとりでテーマについて検討しても構いませんよ。あるいは、他のセッションに参加するという選択肢もあります」と言ったところ、「ひとりでやります」という答えだったので、「ひとりセッション」をやっていただくことにしました。

しばらく様子を見ていると、別のグループに参加していた人が近づいてきました。そして、いつの間にか2〜3人のグループになって対話が行われていました。この発案者は、日頃からそのテーマに強い関心を持っていて、機会があれば、ぜひ仲間と検討してみたいと思っていたそうです。そうした強い思いが伝わって、参加者を引き寄せたのかもしれません。

❷積極的に一歩前に踏み出す勇気を示す

ＯＳＴの場から生まれるリーダーの第2の特徴は、自らを鼓舞して一歩前に踏み出す勇気を示すことです。

ＯＳＴは、参加者がサークルの中央に進み出て、話し合いたいテーマを紙に書いて読み上げることから始まります。参加者がどんなに多くても、全員でサークルになって座ります。サークルの真ん中にはＡ4サイズの白い紙とマーカーが置いてあります。人数が多くなると、自分からサークルの中心までの距離はとても遠く感じられるものです。そのような衆目が集まるなかで、立ち上がって歩いて行くことはとても勇気のいることです。ＯＳＴではこの行為を「英雄の旅（ヒーローズ・ジャーニー）」と呼んでいますが、まさにこの勇気こそ、ＯＳＴが育むリーダーの大きな特徴のひとつだと言えるでしょう。

このとき、ＯＳＴのファシリテーターの忍耐力が試されます。ファシリテーターが参加者にテーマを出すよう促しても、すぐに踏み出す人はなかなか現れません。しかし、ここは我慢のしどころです。やがて誰かが勇気を出して立ち上がり、「英雄の旅」に出ます。すると、それを待っていたかのように、他のメンバーが次々とそのあとに続きます。このようにして、ＯＳＴの場では、積極的に一歩前に踏み出す勇気を示すリーダーが生まれるのです。

❸権限ではなく、態度と姿勢でリーダーシップを発揮する

ＯＳＴで生まれるリーダーは、肩書や役職で決められた権限を持っているわけではありません。たとえ組織の内部で上位の役職を持っているような人でも、ＯＳＴの場では、誰かに指示や命令を出して従わせるわけにはいきません。皆がリーダーを信頼してついてきてくれて初めて目的を達成することができます。

まず、どのテーマの検討会に参加するかは完全に各個人の自由意志に任せられています。参加者は、自分にとって重要な意味があり、貢献したいと思うテーマを選びます。テーマの発案者は、自分の権限を行使して参加を促すことはできません。必要なのは、他の参加者に向かって、なぜそのテーマについて話し合いたいと思ったのか、純粋な情熱で訴えて理解してもらうことです。

また、ＯＳＴの基本ルールには「移動性の法則」というものがあります。これは自分が参加したグループで、自分の貢献度が低いと感じたときには、いつでも他のグループに移

動できるというものです。ですから、テーマの発案者が他者の意見に耳を傾けず、強引に自分の思う方向へ持って行こうとすると、参加者は自分の貢献度を感じられず、他の分科会へ行ってしまいます。気がついたら、誰もいなくなっていたということもあり得るのです。

このような、メンバーの共感を引き出して自発的な参加を促すリーダーシップのあり方は、他のチーム運営の場面でも大切ではないかと考えています。

私は、ある会社に勤めていたとき、自ら社内プロジェクトを立ち上げて推進した経験があります。そのプロジェクトは、上司から命令されたものではなく、会社の未来のためにぜひ始めるべきだと自分で考え、仲間を募って始めたものでした。もちろん私には、他の部門から参加してくれたメンバーに指示したり命令したりする権限はありませんでした。しかし、プロジェクトに対する思いを語り、メンバーと共有することによって、チームとして目標達成に向けて力を合わせて取り組む機運が高まり、無事に成功を収めることができました。このとき、権限に頼らないリーダーシップのあり方を学んだように思います。

❹「ディスカッション」ではなく「ダイアログ」で合意形成する

ＯＳＴでは、自分の意見を一方的に他者に押し付けることはできないと述べました。自分の意見を相手に納得させるために行うのは「ディスカッション（議論）」ですが、ＯＳＴのリーダーは「ダイアログ（対話）」によって合意に導きます。なぜなら、ＯＳＴで話し合われるテーマは「答えが自明なもの」ではなく、むしろ自分ひとりでは答えを導き出せないので、他者の協力が必要になってくるからです。

アメリカの社会心理学者のダニエル・ヤンケロビッチは、ディスカッションとダイアログの違いを次のように示しました（図1-2）。ディスカッションの目的は相手に打ち勝つことであるのに対して、ダイアログでは共通の基盤を探すことを目的としています。また、ディスカッションにおいては、「正しい答えがあるはずだ。それは自分の考えだ」という前提に立っているのに対して、ダイアログでは、「誰もが良いアイデアを持っているはずだ。それらを持ちよれば良い解決策が見いだせるだろう」という前提に立っています。

そのような前提は、振る舞いにも影響します。ディスカッションにおいては、相手の間違いと自説の正しさを証明しようとしますが、ダイアログでは相手の話に耳を傾け、自説にこだわることなく、より良いアイデアを探求しようと努めるようになります。ＯＳＴの

図1-2　ディスカッションとダイアログの違い

	ディスカッション	ダイアログ
目的	勝つこと	共通の基盤を探すこと
前提	正しい答えがあるはずだ。それは自分の考えだ	誰もが良いアイデアを持っているはずだ。それらを持ちよれば良い解決策が見いだせるだろう
態度	戦闘的：参加者は、相手が間違っていることを証明しようとする	協力的：参加者は、共通の理解を目指して協力する
聞き方	相手の欠点を探しながら、そして反論を組み立てながら、相手の話を聞く	理解しよう、意義を見いだそう、同意しようとして相手の話を聞く
評価	相手の立場を批判する	すべての立場を再調査
自説の扱い	相手の見解に反対し、自説を主張する	相手の考え方を取り入れれば、自分の考えも改善できると認める

出典：『人を動かす対話の魔術』（ダニエル・ヤンケロビッチ、山口峻宏訳、徳間書店、2001年）より作成

テーマは「答えが自明」ではないので、他者と協力してより良いアイデアを模索する「ダイアログ」が必須となってくるのです。

また、一口に「ダイアログ」と言っても、さまざまな段階があります。U理論を提唱したマサチューセッツ工科大学のオットー・シャーマーは、ダイアログによる話し合いの進化を図1-3のように説明しています。最初の段階は「儀礼」の場です。この場では、話し合いの参加者は、一方的に自分の考えを伝えようとしますが、相手の話は聞いていません。自分の考えをひたすら話していて、相手の話には耳を傾けていないのですから、喧嘩にはなりません。この場での会話は、よくある「雑談」に近いものだと言えます。

しかし、ふと我に返って、相手の言っていることに注目すると、相手の意見と自分の意見が違うことに気づきます。それが「対立」の場です。この段階では、お互いに相手が間違っていると指摘しあっています。先ほどの「ディスカッション」と同じような状態です。このような状態は心地よいものではないので、「まあ、お互いに違うことを言っているように見えるけど、結局は同じことを言っているんだから」などと言ってしまいがちです。しかしそれでは「儀礼」の場に後戻りしてしまうことになり、話し合いを深めることはできません。

図1-3　シャーマー・モデル

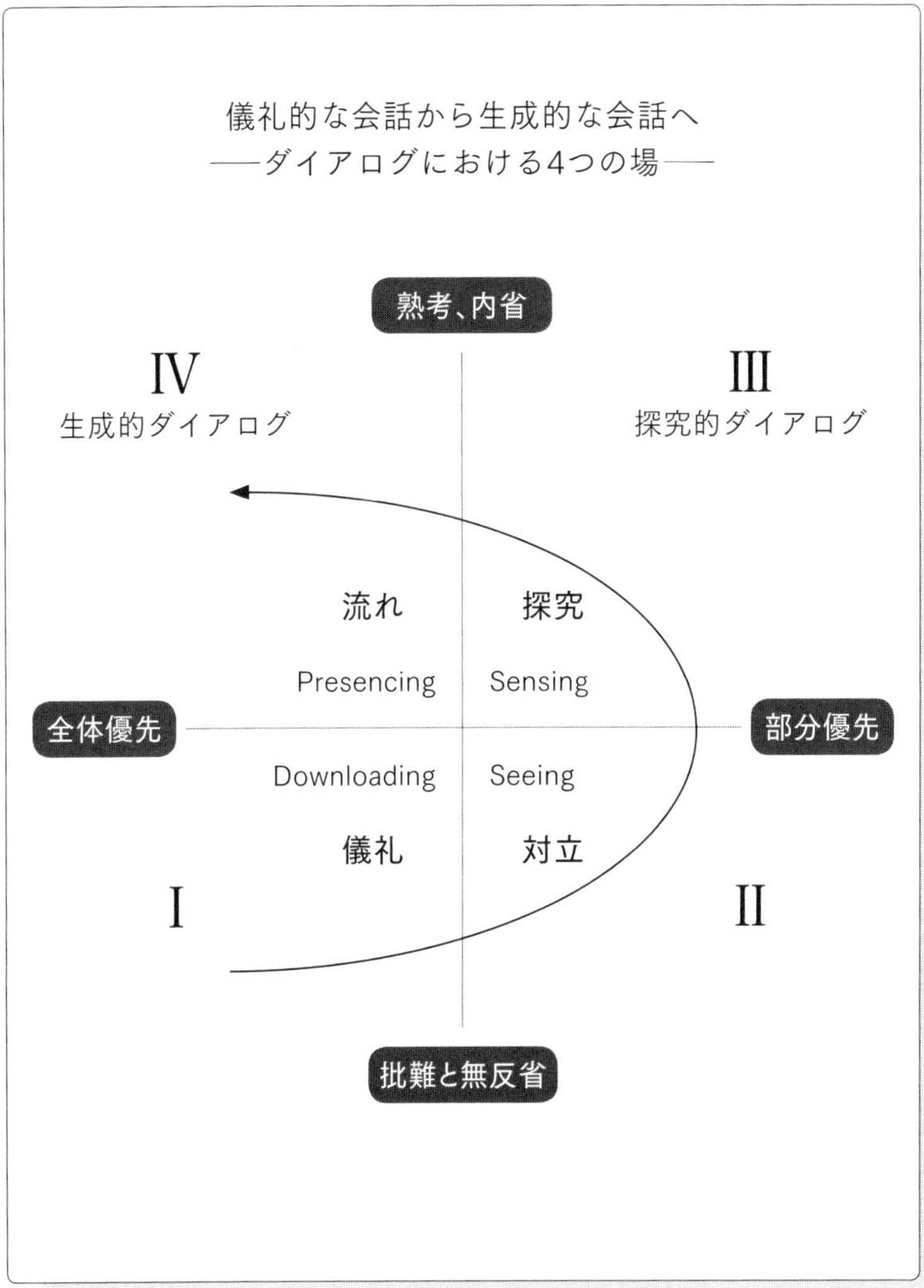

出典：William Isaacs, *Dialogue and the Art of Thinking Together*, Doubleday, 1999年より作成

相手の言っていることに耳を傾けて、相手はなぜそう言っているのか、自分はなぜこう言うのかをお互いに考えるようになると「探求」の場に入ります。このとき、本当の意味でのダイアログが始まるのです。

しかし、この段階では、お互いの立場や考えのプロセスは理解しあいますが、根本的な意見の違いや立場の違いは変わりません。それでも、なお、真剣に探求を続けていくと、沈黙の瞬間が訪れて、「流れ」の場に移ります。そこでは、ダイアログの参加者の脳が、あたかもひとつになったかのように思考が「流れ」、深い気づきや新しいアイデアが生まれるのです。これが「生成的ダイアログ」です。

このように、ダイアログで合意形成を目指すなら、対話を深めることによってメンバーの意見の違いを明確化して「儀礼」の場から「対立」の場へと導き、そしてなぜ意見の違いが生じているのかを考える「探求」の場へと導きます。さらに、探求を深めることでグループとしての思考ができる「生成的ダイアログ」の場が生まれ、個々の違いを超えた深い合意に達することができるのです。

❺メンバーが力を発揮できる環境を整える

これまで何度も述べてきたように、OSTでは他者の協力が欠かせません。チームが成功するためには、一人ひとりの持てる力を最大限に発揮してもらう必要があります。そうした環境をつくることも、OSTのリーダーの大切な仕事なのです。

リーダーシップ開発のコンサルティングを行うリズ・ワイズマンとグレッグ・マキューンは、メンバーの力を最大限に引き出すリーダーと、メンバーの力を引き出せないリーダーとの違いを述べています（図1-4、49頁）。「部下の能力を引き出すリーダー」は、細かいところまで自分で決めるのではなく、部下を信じて任せ、部下の良いところを引き出し、それが十分に発揮されるようにサポートします。それに対して、すべて自分が知っているという態度で、細かいところまで自分で決めてしまう専制的リーダーは、部下の能力をつぶすことになってしまいます。いうまでもなく、OSTのリーダーは「部下の能力を引き出すリーダー」でなければなりません。

OSTの分科会に参加する人は、提案されたテーマに関心があり、仲間になりたいという自らの意志で参加してきているのです。自分のやりたいこととチームが目指していることとが一致しており、そこには自分が貢献する機会があると感じられ、やりがいを感じることができるから参加してきたのです。

私（香取）は以前、大手通信会社のグループ会社の社長を務めたことがありますが、就任した当時の大きな問題は、離職する社員が少しずつ増加していることでした。しかも、辞めていくのはいずれも優秀な社員ばかりでした。何人かにその理由を聞いてみると、「転職先の会社の仕事のほうが、やりがいがありそうだから」「自分のキャリアプランを考えると、新しいスキルを獲得できそうだから」などの答えが返ってきました。

私はその組織を「学習する組織」に変えるべく、さまざまな取り組みの導入を試みました。社内の情報共有が進み、自発的なプロジェクトが生まれ、創業以来、最高の売上を達成するなど一定の成果はあがったものの、すでに心が離れてしまっていた社員を引き止めることはできませんでした。当時は今ほど退職・転職が一般的ではありませんでしたが、私は、社員が決して会社に縛り付けられているわけではないのだと気づきました。ここにいれば成長できる、やりがいのある仕事があるという理由があるから会社に参画してくれているのです。そう考えると、リーダーが行うべき仕事とは、会社という場に居つづける理由を提供すること、社員が成長し、実力を発揮できる場を提供することなのだと理解することができました。

ＯＳＴの分科会も同様で、その後の活動がうまくいくかどうかは、リーダーがメンバーの持てる力を十二分に引き出せるかどうかにかかっています。参加者はすでにテーマに

図1-4　部下の能力を引き出すリーダー

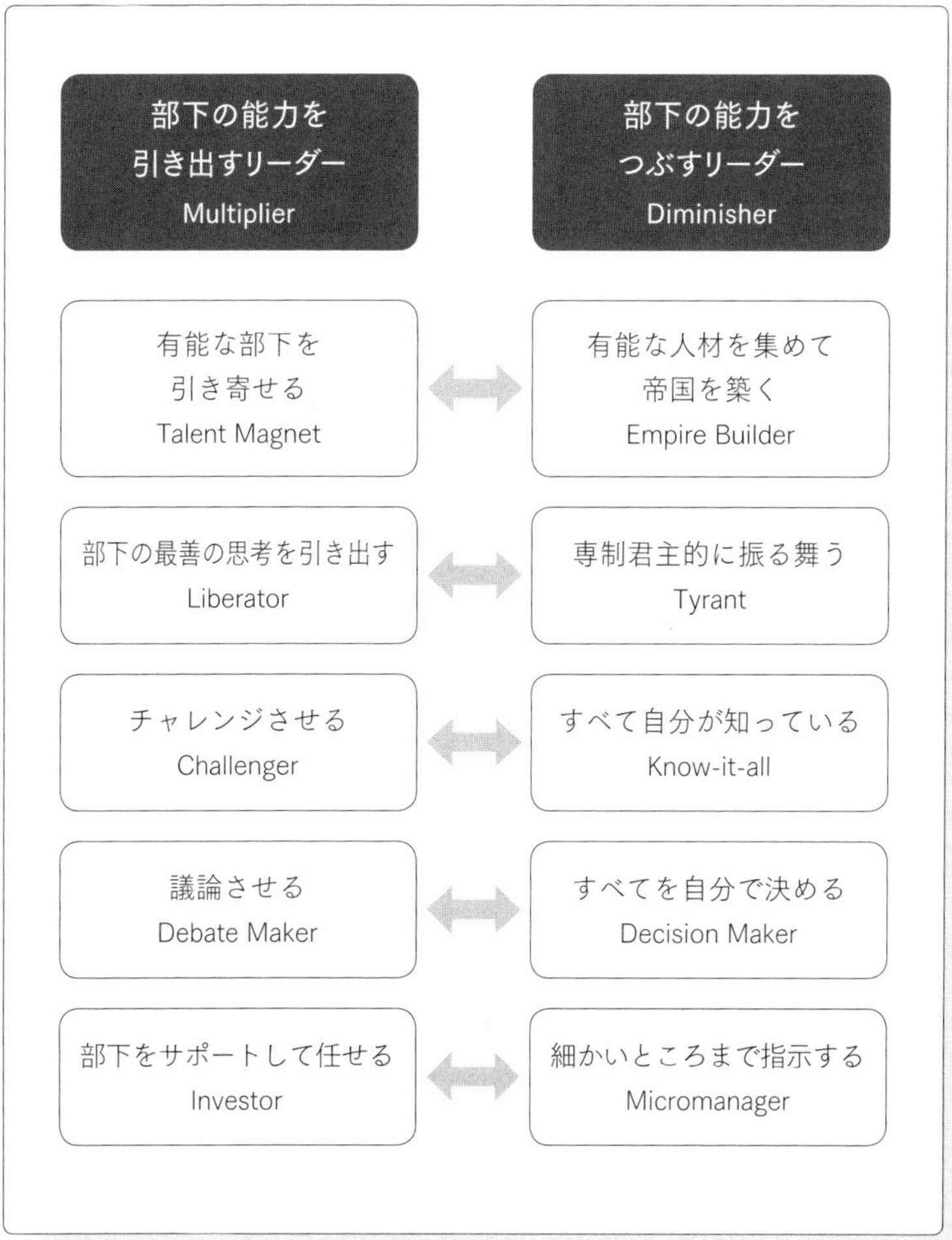

出典：『メンバーの才能を開花させる技法』（リズ・ワイズマン、グレッグ・マキューン、関美和訳、海と月社、2015年）より作成

関心を抱いていることは明らかなので、「自分はこのグループに貢献できている」という実感を持たせることができればその後の活動にも継続して関わってもらえる可能性が高まります。

❻リーダーシップを育む場を生み出す

これまで見てきたように、分科会のリーダーは、志を立ててチームを立ち上げ、ダイアログによって合意に導き、参加者の自発性を引き出しています。つまり、これらのプロセスを通じて、メンバー自身のリーダーシップを育むような場を生み出していると言えるでしょう。

発案者は、英雄の旅に出ることによって、リーダーとしての第一歩を踏み出しました。それと同じように、分科会のメンバーもまた、自らの意志でプロジェクトに参加することを決めました。そして、チームを成功に導くために自分の持っているリソースを提供して積極的に貢献しています。このような参加者も「ＯＳＴの場が生み出すリーダー」と言えるでしょう。

第2章

OSTを実践しよう

この章では、OSTの企画・準備から当日の進行までの流れを具体的に説明します。図2-1（55頁）は、全体的なステップを示したものです。

当日の進行については、皆さんがOSTを開催するときにすぐに使えるように、ファシリテーターが実際に語るセリフを例示しながら説明することにします。

❶ OSTの企画

OSTの企画は、「そもそも何のためにOSTを開催するのか」という目的を明らかにすることから始めます。それは「共働き夫婦のワークライフバランスを考える」かもしれませんし、「新製品の開発」「間接部門の生産性を上げる」「事故を減らす」「顧客サービスの向上」「被災地の二次災害を減らす」「サッカーの試合の入場者数を増やす」「外国人観光客を増やす」かもしれません。さまざまな立場や利害関係者が一堂に会して話し合うことで何か新しい取り組みが始まり、新鮮なアイデアが生まれる可能性のある目的を設定するとよいでしょう。ＯＳＴでは、参加者が自主的に話し合いたいテーマを提案するようになっていますが、目的が曖昧だと誰に参加を呼びかけるかが定まりませんし、参加者もどんなテーマを出してよいか、わかりづらくなります。ですから、ＯＳＴを企画するにあたって、目的を明確化することはとても大切なのです。

また、開催の当日には、ＯＳＴの目的を参加者が十分に理解していて、テーマについて話し合うことに強い情熱と責任感を持ってのぞめるように配慮しておくことが大切です。このように、参加者の心の準備ができている状態を「レディネス」と言います。「レディネス」を高めるために、事前に開催目的やテーマについて参加者に周知したり、ワールド・カフェなどによる対話の時間を設けたりして、テーマに対する理解を深められるような工夫をするとよいでしょう。

次に、あなたが外部のファシリテーターであれば、主催者やスポンサーなどとの意識合わせも欠かせません。これはＯＳＴの開催目的とも関係してきますが、主催者側がどんな成果をＯＳＴに期待しているのかを確認しておきましょう。ＯＳＴは、参加者の自由な意思決定を尊重します。そのために、分科会を自由に移動する「蜂」や、話し合いには参加しないが自由な話題を提供する「蝶」という関わり方も許容されます。主催者によっては、

図2-1　OSTの企画・準備から当日の進行までの流れ

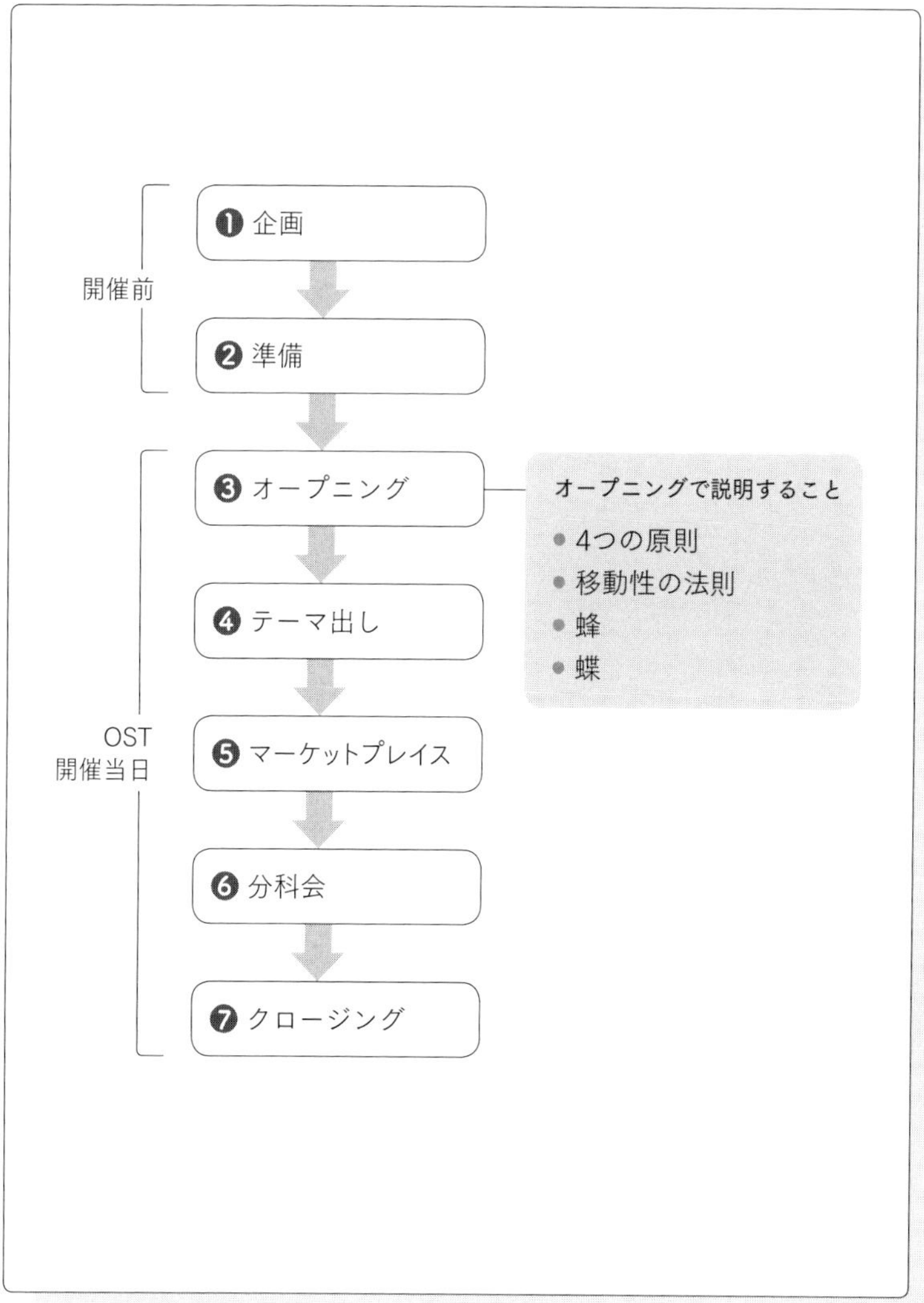

「当社では〈蜂〉や〈蝶〉のような参加の仕方は認められない」と思われる方もいるかもしれません。もちろん、この仕組みを採用しないという選択も可能です。しかし、この仕組みが参加者の自発性、自主性を引き出すために設けられていることを、じっくりと話し合って理解してもらうことが大切です。そのうえで、目的に照らし合わせて採用可否を検討してもらえばよいでしょう。

以上を踏まえて、**図2-2**に示したような「OSTの企画シート」を活用するとよいでしょう。

❷ OSTの準備

OSTを開催する際には、あまり細かい準備は必要ありません。むしろ、しないほうがよいと言われています。なぜなら、OSTのプロセスが、決められたことを決められた通りに実施するのではなく、参加者の自主性や自発性を活かして運営することを大切にしているからです。

もちろん、開催内容によってはさまざまな準備事項が発生しますが、ここでは、必ず押さえておくべきポイントについて説明します。

図2-2　OSTの企画シート

テーマ		
目的	なぜOSTを開催するのか？	
	OST終了時に 何が達成されているのか？	
	OST終了後○カ月後に どのような状態になっているか？	
企画・運営チームのメンバー		
参加者（誰を何人？）		
参加者のレディネスを高める方法 （参加者はテーマに情熱を持っているか？）		
会場の条件（メイン会場の広さ、分科会の会場数など）		
日数と時間割		

具体的には、次のような項目について準備します。

①会場の選定

ＯＳＴでは、後述する「オープニング」「イブニング・ニュース」「モーニング・ニュース」「クロージング」などを行うときに、全員がサークル状になって座ります。そのために、スペースを十分に確保できる会議室を準備する必要があります。判断基準としては、部屋の定員数が参加者数の倍近くあれば、十分な広さと言えるでしょう。

また、分科会を行うための小部屋が十分に確保できるかを確認しておくことも大切です。一般的には、参加者１００人に対して５部屋くらいを準備しておけばよいとされていますが、大きな会場であれば、スペースを分割して使うという方法もあります。テーマが予想よりも多く提案された場合、準備した部屋では不足することも予想されます。そうしたときには、ロビーや廊下、喫茶店など、小グループの打ち合わせに使えるスペースがあるかどうかを確認しておくことも、会場を選ぶときのポイントのひとつです。

②会場の設営

ＯＳＴのオープニング用に、メインの会場には、椅子だけでサークルをつくっておきましょう。サークルの中心には、A4サイズの白い紙とフェルトペンを置いておきます。

周囲の壁には、「OSTの流れ」「4つの原則」「移動性の法則」「蜂」「蝶」「スペース・タイム・マトリックス」などの掲示物を張り出しておきます。また、参加者がテーマを提案するときに、提案されたテーマを張り出すための、空白のスペース（コミュニティ掲示板）を確保しておく必要があります。

③備品

用意する備品としては、次のようなものがあります。

- テーブル（通常の会議卓でもかまいません。必要なテーブルの数は、参加者数÷4〜6です）
- 椅子（参加者数＋若干数）
- 模造紙（テーブルの数＋若干数）
- 分科会のためのホワイトボード
- ホワイトボード用のマーカー3色
- マイク（2〜3本。ファシリテーターが使うものと、全体セッションで参加者が発言するときに使うもの）

●付箋紙（テーブルの数と同数）
●テープ（若干）
●掲示物（OSTの流れ、4つの原則、移動性の法則、蜂、蝶、スペース・タイム・マトリックスなどを記したもの）

❸オープニング

OSTは、参加者全員がサークル状に椅子を並べて座るところから始まります（下の挿絵参照）。人数が多い場合は、サークルを二重か三重にして座るようにしましょう。ファシリテーターは、サークル状に並べられた椅子のひとつに座って、静かに開始時間を待ちます。

やがて、開始時間になったらファシリテーターは立ち上がり、サークルのなかをゆっくりと歩きながら、今回のOSTが開催されることになった背景と目的、どんな人が参加しているかなどについて説明します。

ファシリテーターがサークルに沿ってゆっくり歩くと、参加者の

視線はいっせいにファシリテーターの姿を追っていきます。それによって参加者は、サークルにいる人の顔ぶれを確認できます。顔なじみの仲間がいるかもしれませんし、これまで会ったことのない人がいるかもしれません。しかし、どんな人が参加しているのかがわかるので、参加者は何となく安心感を覚えることでしょう。

このとき、ファシリテーターは、参加者に向かって次のように語りかけます。

皆さん、ようこそOSTにいらっしゃいました。それでは、本日、OSTをどのように進めていくかについて、ご説明しましょう。

まず、今回のイベント全体のテーマに関連したことで、仲間と話し合いたいテーマを持っている人が提案します。

ご自分のテーマを思いついたら、このサークルの真ん中に出てきてください。そして、置いてある紙にテーマと、ご自分のお名前を書いてください。書き終えたら立ち上がって、全員の前で「私は○○というテーマについていっしょに検討していただける人を探しています。私の名前は○○です」と大きな声で言ってください。一通りテーマが出されたら、提案されたテーマについて話し合いたい人が集まって分科会が行われることになります。

4つの原則

OSTでは、きわめて特徴的な「4つの原則」（図2-3）を掲げています。これは、OSTに参加する際のグラウンド・ルールとでもいうべきものです。したがって、OSTを始めるにあたっては、この4つの原則を参加者に丁寧に説明することが必要です。

図2-3　4つの原則

1　ここにやってきた人は、誰もが適任者である
2　何が起ころうと、それが起こるべき唯一のことである
3　いつ始まろうと、始まった時が適切な時である
4　いつ終わろうと、終わった時が終わりの時なのである

4つの原則を説明するためには、次のような言い方が参考になるでしょう。

ＯＳＴには「４つの原則」と呼ばれるグラウンド・ルールがあります。このルールについて、少し詳しくご説明しましょう。

第１の原則は、「**ここにやってきた人は、誰もが適任者である**」というものです。

これは、参加人数や、参加者の地位や立場などは問題にしていないということです。大切なのは、ミーティングにおける相互作用や会話の質です。それが、結果の質を左右するのです。皆さんが提案するプロジェクトを成功させるために、どうしても必要な人がいたとします。その人が今回のＯＳＴに参加していなかったら、どうしますか？　このミーティングが終わってから、その人の協力を得られるように働きかければよいのです。私たちにとって大切なのは、プロジェクトを成功させたいという情熱を持った人が参加しているかどうかです。ですから、「ここにいる皆さんは、全員、適切な人」なんです。

さて、皆さんが提案したテーマですが、もし賛同する人がひとりもいなかったら、どうしますか？　そんなとき、選択肢は２つあります。ひとつは、あなたの提案を取り下げて、他の分科会に参加することです。もうひとつの選択肢は、あなたがひとりで検討することです。誰も来なかったら、その重要なテーマについて、情熱を持ってひとりで取り組むための自由な時間ができたのだと考えてみてはいかがでしょうか。

第2の原則は、「**何が起ころうと、それが起こるべき唯一のことである**」というものです。

時として、思いもよらないことが起こるかもしれません。そんなときは、貴重な学びの機会だと思ってください。私たちにとって、驚きの瞬間は成長のチャンスでもあるのです。ですから、そのような瞬間を大切にして、何が起ころうと、起こるべきことが起こったのだと考えていただきたい。

また、起こってほしいと思っていたことが起こらなかったとか、こんなことになってしまったなどと、悔やんでも始まりません。精一杯に取り組んだ結果、起こったことですから、「何が起ころうと、それが起こるべき唯一のことだ」と素直に受け入れることも大切なんです。

第3の原則は、「**いつ始まろうと、始まった時が適切な時である**」というものです。

時間には、客観的な時間としての「クロノス」と、集中していると時間の流れを忘れてしまうような主観的な時間としての「カイロス」があります。時間で管理されることの多い現代社会で生活している私たちは、客観的なクロノス時間に従って作業することが効率的だと考える傾向があります。でも、やる気や創造的なアイデアは、必ずしもクロノス時間に従って現れるものではありません。

話し合いが始まっても、話がうまく進まなかったり、なかなか良いアイデアが生まれてこなくて、不安になったり、焦ったりすることもあるでしょう。創造のスピリッツは、いつ湧き上がってくるかわかりません。創造的なアイデアは、何かに集中して取り組んでいるときにこそ現れるものです。焦らずに、じっくりと話し合いを進めてください。

第4の原則は、「**いつ終わろうと、終わった時が終わりの時なのである**」です。

たとえば、ミーティングの時間が1時間半と設定されているのに、実際に始めてみると、必要な話し合いが30分で終わってしまった。まだ1時間も残っているからと、ダラダラと会議を続けたら、どうなるでしょう。せっかく出した結論を、もう一度ゼロから検討しなおすといった無駄なことをしてしまうかもしれません。そうではなく、30分で終わったら、「いつ終わろうと、終わった時が終わりの時なのだ」と割り切って、終了することが肝心です。

逆に、予定していた1時間半で結論が出なかった場合は、どうでしょう。「それが終わっていない時は、終わりの時ではない」と捉えて、場所を変えて話し合いを続けるか、別の時間と場所を設定すればよいでしょう。

移動性の法則と、蜂、蝶

OSTには、「移動性の法則」というものがあります。これは、生産的な話し合いを行うために、参加者の振る舞い方を示したものです。その法則の具体的なイメージを「蜂」と「蝶」にたとえて説明しています。

ファシリテーターがこれらを説明するときには、次の言い方が参考になるでしょう。

OSTでは「**移動性の法則**」が大切にされています。

参加者が自分の時間を最も生産的に使っているかどうか、学習に役立っているかどうか、場に貢献できているかどうかは、すべて参加者自身の責任なんです。ですから、分科会に参加したけれど、そこは自分が期待していた場ではないと感じたら、どうすべきか。ずっと、そこにとどまっているのではなく、自分の意志で、他の分科会に移動すべきです。

この移動性の法則を具体的なイメージで言い表したものが、「蜂」と「蝶」です。

「**蜂**」とは、ある分科会から別の分科会に移動する人のことです。

昆虫の蜂は、蜜を求めて花から花へ移動しますが、それが花の交配を手助けしています。ＯＳＴにおける「蜂」は、他の分科会でどのようなことが話し合われているかを伝えることで、アイデアの交配を手助けします。ワールド・カフェでは、少人数による話し合いのメンバー構成を変えながらダイアログを続けることで、アイデアの「他花受粉」を行いますが、ＯＳＴでも、「蜂」が媒介になって同様のことを実現するのです。

「**蝶**」とは、どの分科会にも参加しない人のことです。そんな行為も許されています。

蝶は、どの分科会にも参加せず、会場のなかを歩き回ったり、コーヒーを飲んでリラックスしたりします。しかし、そうした蝶たちが集まって、話し合いが始まるかもしれません。すると、そこで話し合いたい新しいテーマが生まれ、新しい分科会に発展する可能性もあるのです。

ですから皆さんは、移動性の法則に従って「蜂」「蝶」になっても構いませんが、「キリン」にだけはならないでください。

分科会に参加したものの、そこでは自分が期待していたような話し合いが行われていないと気づいたら、自分が貢献できそうな分科会に移動したり、場合によっては、何もせずにぶらぶらしているのもよいでしょう。

しかし、分科会に参加しながらも、首をキリンのように伸ばして、他の分科会の様子をうかがっている態度は、好ましいものではありません。

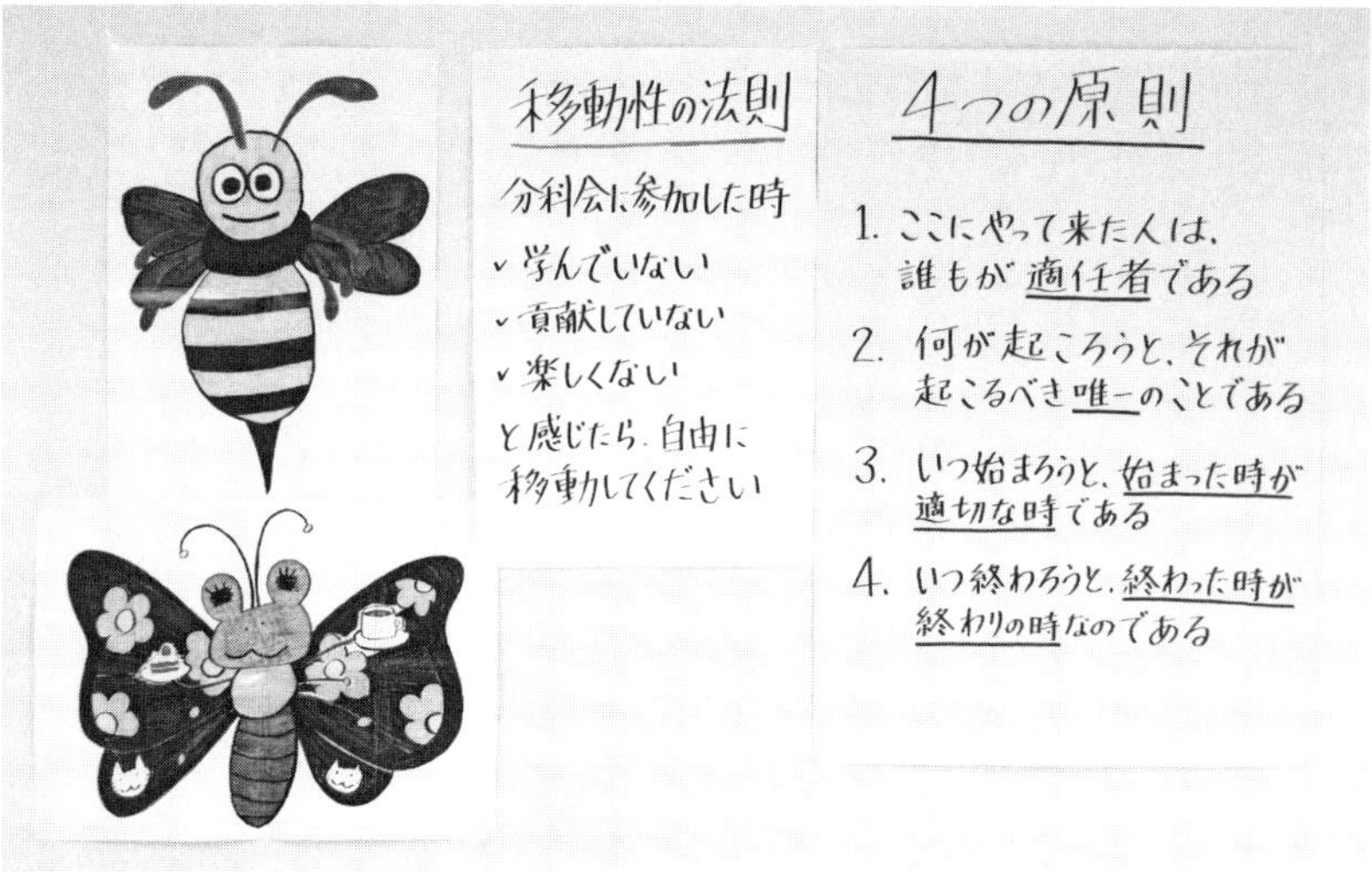

▶ 参加者がいつでも確認できるように、OSTのルールを壁に張っておきます

❹テーマ出し

オープニングで、今回のOSTの目的と、参加にあたってのグラウンド・ルール（4つの原則、移動性の法則、蜂と蝶）を説明すると、いよいよ具体的なテーマを参加者が提案する段階に入ります。この段階で、ファシリテーターは次のように参加者に語りかけます。


さて、それでは始めましょう。

今回のテーマに関連したことで、仲間とともに話し合いたいというテーマをお持ちの方は提案してください。本当に情熱を持って取り組みたいと考えるテーマを持っている方からの提案をお願いします。もし、何も思いつかないなら、それも結構です。

もし話し合いたいテーマを思いついたら、サークルの真ん中に出てきてください。白い紙とフェルトペンがありますので、紙にテーマと、ご自分の名前を書いてください。そして、「私の名前は○○です。私が話し合いたいテーマは○○です」と大きな声で発表してください。次に、こちらの壁に張り出してある「スペース・タイム・マトリックス」（図2-4）のところへ行ってください。そこで、

図2-4は、『ホールシステム・アプローチ――1000人以上でもとことん話し合える方法』（香取一昭・大川恒、日本経済新聞出版社、2011年）のP153より引用

図2-4　スペース・タイム・マトリックス

日付	会議室	槍ヶ岳	剣岳	乗鞍	立山	穂高	富士
5月27日（水）	10:30〜11:30	オープニング					
	11:30〜12:30	マーケットプレイス					
	12:30〜13:30	ランチ					
	13:30〜15:00	13:30〜15:00 槍ヶ岳	13:30〜15:00 剣岳	13:30〜15:00 乗鞍	13:30〜15:00 立山	13:30〜15:00 穂高	13:30〜15:00 富士
	15:00〜16:30	15:00〜16:30 槍ヶ岳	15:00〜16:30 剣岳	15:00〜16:30 乗鞍	15:00〜16:30 立山	15:00〜16:30 穂高	15:00〜16:30 富士
	16:30〜17:00	イブニング・ニュース					
5月28日（木）	10:30〜11:00	モーニング・ニュース					
	11:00〜12:30	11:30〜12:30 槍ヶ岳	11:30〜12:30 剣岳	11:30〜12:30 乗鞍	11:30〜12:30 立山	11:30〜12:30 穂高	11:30〜12:30 富士
	12:30〜13:30	ランチ					
	13:30〜15:00	13:30〜15:00 槍ヶ岳	13:30〜15:00 剣岳	13:30〜15:00 乗鞍	13:30〜15:00 立山	13:30〜15:00 穂高	13:30〜15:00 富士
	15:00〜16:30	15:00〜16:30 槍ヶ岳	15:00〜16:30 剣岳	15:00〜16:30 乗鞍	15:00〜16:30 立山	15:00〜16:30 穂高	15:00〜16:30 富士
	16:30〜17:00	クロージング					

ご自分のテーマを話し合いたい時間と場所が書いてある付箋紙を剥がして、ご自分のテーマを書いた紙の右下に貼ってください。こんな感じです。
そして、それをこちらの「コミュニティ掲示板」という何もない壁に張り出してください（図2-5）。ではどうぞ。

ファシリテーターが呼びかけても、すぐにテーマが出てくるとは限りません。大勢の参加者の前でサークルの中心に歩み出て、自分が話し合いたいテーマを紙に書いて皆に提案することは勇気がいるため、「英雄の旅（ヒーローズ・ジャーニー）」と呼ばれているのです。ですから、しばらくは沈黙が支配するかもしれません。参加者が戸惑っているだけでなく、ファシリテーターにとっても、忍耐力を要する時間です。根負けしないで辛抱強く待ちましょう。

やがて誰かひとりが思い切って立ち上がり、中央に進み出て、Ａ４の紙にテーマを書きます。すると、それにつられるようにして他のメンバーも次々と立ち上がり、中央に進み出ます。そして気がつくと、サークルの中央で、複数の参加者がいっせいにテーマを書き出している光景をあなたは目にすることでしょう。

図2-5　コミュニティ掲示板

- 何も書いていない壁。
- やがて、参加者から提案されたテーマで埋まっていく。

25人から50人では、約15のテーマ、
100から200人では、約60のテーマが提案される。
しかし、300人以上になっても、テーマの数が大きく増加することはない（500人で146のテーマが提案されたことはある）。

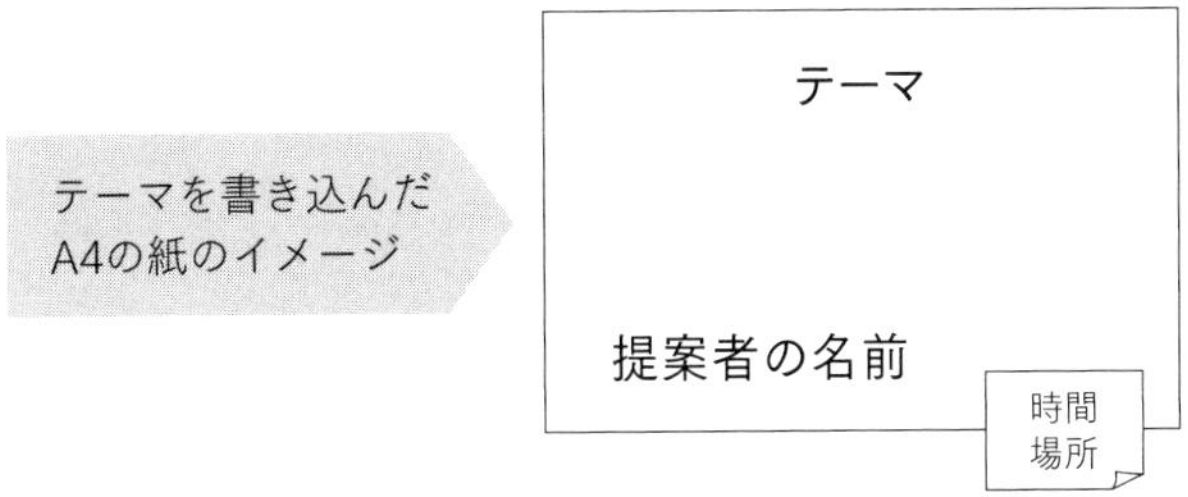

❺ マーケットプレイス

しばらくしてテーマ出しが一段落すると、会場は再び静かになります。このときファシリテーターは、次のように参加者に話しかけます。

他に提案したいテーマがある方はいませんか？

……どなたもいらっしゃらないようなので、次のステップに進みたいと思います。ご覧のように、コミュニティ掲示板には皆さんから提案された多くのテーマが張り出されています。どれも重要なテーマだと思います。これから、テーマごとに賛同する人が集まって話し合う分科会をつくりたいと思います。ご自身が参加したいと考えるテーマが書かれている紙に名前を書いてください。

どの分科会に参加するかを決めるときに、次のような問題が起こるかもしれません。

● 自分が参加したい分科会が、同じ時間帯で重複している

● 話し合う順序を変えたほうがよさそうなものがある
● 似たようなテーマがあるので、いっしょにできそうなものがある

こうした問題を感じたら、テーマの提案者に相談してみてください。参加者の皆さんで話し合って、最も良い解決策を見つけてください。しかし、最終的にどうするかは、提案者の判断を優先します。たとえば、似たようなテーマなので、いっしょにしたほうが良いのではないかという相談があっても、提案者が違う趣旨のものだと考えるなら、別々のテーマとして扱うことになります。

チーム分けができたら、分科会で話し合っていただきます。今回の分科会の時間は1時間半です。役割分担を決めてから、話し合いを始めてください。ファシリテーター、書記、タイムキーパー、議事録作成の担当を決めます。テーマの提案者、つまり分科会のリーダーは、ご自身がファシリテーターになってもいいし、別の人にファシリテーター役を頼んでもかまいません。議事録作成の担当も同様の決め方でけっこうですが、リーダーの責任において、必ず最終的に議事録を残すようにしてください。

なお、議事録は、ここに張ってある様式（図2-6）に従って、模造紙に書いてください。本日はテーマが多く、全員が発表する時間がありませんので、のちほど壁に張り出して、全員が読めるようにしたいと思います。

それでは午後〇〇時に、またここでお会いしましょう。

❻分科会

マーケットプレイスでテーマごとのグループができると、それぞれの部屋や決められた場所に散って、自主的に分科会が始まります。マーケットプレイスが始まった時点で、ファシリテーターの出番はなくなります。グループ分けから分科会まですべて、参加者が自主的に運営していきます。

オープニングで説明された「移動性の法則」と「蜂」「蝶」の考え方をさっそく実践する参加者も見られるかもしれません。

テーマを提案したけれど、マーケットプレイスで賛同者がひとりも現れなかった人がいるかもしれません。前述した通り、自分の提案は取り下げて、他の人のテーマに参加しても構いませんが、ひとりだけで検討を行うという選択肢もあります。そうした人は、会場

図2-6　議事録

【テーマ】	【提案者】
【参加者】	【ファシリテーター】 【議事録作成者】 【タイムキーパー】
【話し合いの内容】	
【結論】	

の片隅で「ひとりだけの分科会」を行っています。すると、いつの間にか他の参加者が近づいてきて話し合いが始まるという光景を、私たちはこれまで何度も目にしています。なかには「蝶」になる選択をして、コーヒー・コーナーで所在なげに座っている人もいるかもしれません。面白いことに、そんな「蝶」が集まって話し合いのテーマが決まり、分科会が始まる場合もあるのです。

要するに、参加者が自分の時間を有効に使うために、思い思いの仕方で参加できるのがOSTの特徴なのです。

分科会での話し合いの結果は、議事録として取りまとめます。分科会が多い場合は、分科会の終了後に議事録を壁に張り出して、参加者全員が見られるようにしておくとよいでしょう。また、時間があれば、最後に全員が集まるクロージングの場で、全員に報告してもらうことも考えられます。

❼クロージング

OSTの最後は、始まったときと同じように全員がサークルになって座り、感想を述べ合います。順番を決めずに、話す準備ができた人から話してもらうのもよいですし、時計回りで順番に感想を述べてもらってもよいでしょう。そして、参加者の発言が一通り終わったら、ファシリテーターは、参加者が積極的に参加し、建設的な会議になったことに感謝の意を伝えて、OSTを終了します。

2日間ないし3日間にわたって開催される大規模なOSTの場合は、分科会の数も多くなりますので、すべての分科会の結果を全員に報告することは困難です。したがって、議事録を壁に張り出して、他の参加者が見て回る「ギャラリーウォーク」などで共有するか、別途、議事録をデータ化し、インターネット上にアップロードして共有するなどの方法が取られます。分科会の数が少ない場合は、全員が集まるクロージングのときに、それぞれの分科会から簡単に報告してもらうこともできます。

なお、2日以上の日程で開催される場合には、夕方に「イブニング・ニュース」が、朝に「モーニング・ニュース」の時間が設けられます。いずれの場合も、参加者は初日のオープニングのようにサークルになって座ります。この時間は、分科会の詳細な報告を行うのではなく、参加者が感じたことなどを共有する時間として使われます。また、それまでの分科会での話し合いを踏まえて、新たに浮かんできたテーマが提案されることもあります。

OST

第3章

ＯＳＴのファシリテーションと組織マネジメントへの示唆

第1章では、ＯＳＴから生まれるリーダーの特徴について述べました。ＯＳＴの場から、そうしたリーダーが生まれるのは、ＯＳＴの仕組みやプロセスによるところも大きいのですが、参加者の自発性やリーダーシップを十分に引き出し、リーダーが生まれる場をつくろうとするファシリテーターの働きが重要な役割を果たしているのです。

本章では、ＯＳＴをリーダーが生まれる場にするために、ＯＳＴのファシリテーターがどのような態度や振る舞いをするべきなのかを見ていきます。

また、ＯＳＴのファシリテーターが示す態度や振る舞いを学ぶことによって、組織マネジメントの場で、メンバーの自発性を引き出すために、それらをどのように活用できるかについても述べることにします。

次頁の**図3-1**に、ＯＳＴのファシリテーターに求められる態度や振る舞いに関する8つのポイントをあげました。それらを順に見ていきましょう。

図3-1　OSTファシリテーターの態度と振る舞い

❶目的を共有して場を開く
❷グラウンド・ルールを示す
❸フラットな関係の場をつくる
❹今ここに集中する
❺内なるリズムで行動するように促す
❻コントロールを手放す
❼場をホールド（保持）する
❽混乱に耐える覚悟でのぞむ

❶目的を共有して場を開く

ＯＳＴの創始者であるハリソン・オーエンは、ＯＳＴが成功するためには「情熱と責任感」を持った人が参加してくることが大切だと言っています。人々が情熱を持って参加するためには、ワークショップの目的が「このプロジェクトに、ぜひ貢献したい」という個々人の欲求や関心に沿っていなければなりません。

また、人々が責任感を抱くには、「この課題は解決される必要があり、自分が関わるべきである」という問題意識や当事者意識を呼び起こすものでなくてはなりません。したがって、参加者全員が高い関心を示し、自分ごととして捉えられるような目的を設定することが求められます。

第５章で紹介する〈実践事例〉では、次のような目的のためにＯＳＴが開催されています。

〈大成建設〉

被災しても迅速に復興できるような社会のあり方を、多様なステークホルダーの立場で探求する

〈大分トリニータ〉

常識を覆す新たなチケットで、ワクワクするサービスを生み出す

〈京都市伏見区〉

自分たちが心から、この地域で始めたいこと、生み出したいことを話し合う

〈田舎の宝カフェ〉

各地で活動している人たちが集い、お互いの取り組みについて知恵やアイデアを出し合い、相互に支援するような場をつくる

〈edcamp Kamakura ―鎌倉―〉

教育現場の課題解決に関心を持つさまざまな立場の人々が集い、問題意識や価値観を共有することで、それぞれの実践に活かせるアイデアを考え出す

これらの事例では、いずれも参加者の情熱と責任感を引き出し、素晴らしいリーダーを生み出してきました。それに対して、組織やコミュニティの状況に適切でない目的を設定

してしまうと、参加者の意欲を削ぎ、その後の活動に悪影響を及ぼしかねません。

たとえば、低迷する基幹事業の立て直しに誰もが必死になって取り組んでいるときに、「我が社は、どんな新規事業に取り組むべきか」という非現実的な目的を設定しても、参加者が意義を十分に感じられないおそれが出てくるでしょう。むしろこの状況では、「いま我々が抱えている課題は何か、それを打破するためには、どんな取り組みが必要か」という問いのほうが、より参加者の問題意識に近く、現実に即した課題や取り組みのアイデアが出やすいものです。

主催者や参加者の候補となるような人の話をよく聞き、何のためにOSTを開催するのか、どんな課題を解決したいのかをよく話し合ったうえで、OSTという話し合いの場を開くことが大切なのです（なお、「場を開く」については、「❻コントロールを手放す」で詳しく説明します）。

❷グラウンド・ルールを示す

OSTは、一見するととても自由な場に見えますが、それでも「4つの原則」や「移動性の法則」のような一定のルールがあります。しかし、これらのルールは決して参加者の自由な思考と行動を束縛するものではなく、むしろ参加者がとらわれている固定観念を崩し、各個人の主体的な行動を促すためのものになっています。

そこで、ファシリテーターは、ルールをただ伝えればいいのではなく、ルールの説明を聞いた参加者一人ひとりが主体的に行動し、自分が仲間と取り組んでいるテーマに最後まで責任を持って取り組んでいきたいと納得してもらえるように説明することが肝心です。

ファシリテーターからの説明に参加者一人ひとりが納得し、全員が同じルールを共有することで、参加者は、自ら進んで情熱を持って取り組みたいテーマを積極的に提案することができるでしょう。さらに、そのテーマに関心を持って集まった仲間と力を合わせて話し合うことが安心してできるようになるでしょう。また、自分の時間を最大限に活用するために、「蜂」や「蝶」になることもできるのです。ルールを示すことは、安心・安全な場をつくるために必要なことなのです。

❸ フラットな関係の場をつくる

企業など、従業員に上下関係のある組織でＯＳＴを開催する場合、ファシリテーターは、「なぜＯＳＴを開催するのか」という目的を、主催者やスポンサーなどのキーパーソンと設定します。目的は主催者によってさまざまですが、何か特定のアクションを参加者から引き出したいという意図が、キーパーソンにはあるはずです。また、ポジション（肩書、役職）や年齢の違いを気にすることなく、主体的にテーマを出し合って、遠慮なく意見を言い合えるような場にしたいという思いを持つ方も多くいます。

そこで、ＯＳＴの事前準備の段階で、ファシリテーターは、ＯＳＴという場の特徴や、ＯＳＴの場でポジションや年齢の違いを超えたフラットな関係をつくることがいかに大切かをキーパーソンに理解してもらうことが重要になってきます。

さらに、理解してもらうだけでなく、ポジションの高い人がＯＳＴに参加する場合には、当日の参加者の前での振る舞いにも気を付けてもらう必要があります。

たとえば、「テーマ出し」のときに、なかなか意見が出てこなくても、イライラして不平や怒りを表したりせずに忍耐強く待つことを促しましょう。あるいは、分科会での話し合いで、他の人の意見を頭ごなしに否定しないように注意しておきます。このように、ＯＳＴの当日を想定して、自らの振る舞いについての心づもりを事前にしてもらう必要が出てくることもあります。もちろん、日頃から、ポジションの違いを超えた対等なコミュニケーションができている組織であれば、その必要はありません。

こうした事前の準備段階におけるキーパーソンとの意識合わせやポジションの高い

参加者への周知は、ＯＳＴで生まれる場の質を左右する重要な取り組みになります。ポジションが上の立場の人がフラットな姿勢を示すことで、下の立場の人も安心感を持って積極的に発言し、行動することができるのです。

また、事前の準備段階だけでなく、ＯＳＴ当日に椅子をサークル状に並べ、参加者に自由に座ってもらうことから始めるのも、安心・安全でフラットな場づくりにとって大切なことです。

サークルのなかに身を置くことで、不思議と人は、地位をふりかざすような振る舞いをしなくなります。サークルには、頭も尻尾もありません。上座も下座もないのです。サークルになって座ることで、日頃の立場から離れた「ひとりの個人」として参加することが求められていることを体で理解できるからではないかと、私たちは考えています。このような安心・安全でフラットな関係性のなかに身を置くことで、参加者は自由な発言と行動を取りやすくなります（会場の都合でサークルがつくれない場合もありますが、その点については巻末の付録の〈Ｑ＆Ａ〉を参照してください）。

元マサチューセッツ工科大学教授のダニエル・キムが提唱した「成功循環モデル」では、「関係性の質」が組織やチームの成功を左右すると説かれています。このモデルでは、物事の結果を出して成功するには、いきなり成果を求めるのではなく、まずは、遠回りに思

図3-2　ダニエル・キムの「成功循環モデル」

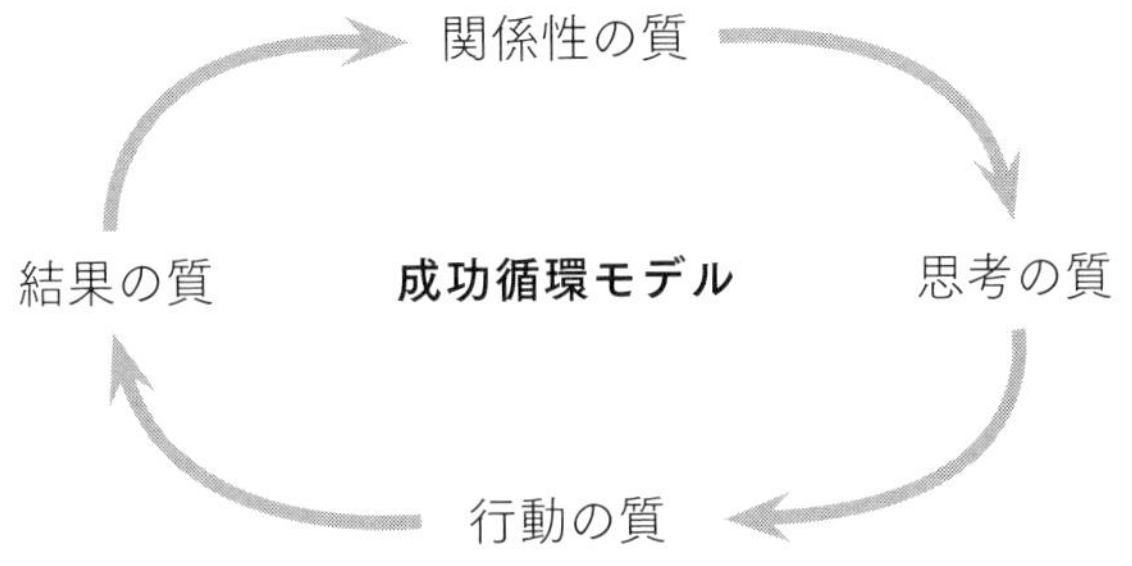

出典：Daniel H. Kim, *Organizing for Learning*, Pegasus Communications, 2001

えても、メンバー相互の関係の質を高めることが大切だと説明しています。「関係性の質」が高まると、お互いの強みを活かし、異なる意見を結びつけて創造的に考えるようになり、「思考の質」が高まってきます。それによって、メンバーは当事者意識がさらに高まり、自発的に行動するようになります。すると、さらに良いアイデアが出てくるようになり、「結果の質」が高まることにつながります。小さくても、良い結果が出ると、メンバーの相互信頼が深まり、さらに「関係性の質」が向上していく。こうした好循環がメンバーの協力関係を高め、よい成果を生みつづけることにつながります（図3-2）。

このように、「関係性の質」を高めることが全体の成果の質を高めることを理解したうえで、ファシリテーターは、事前にキーパーソンの理解を取り付けるよう、しっかりと準備しています。さらに、当日の場づくりにおいても、サークル状に座ってもらうなどの工夫をすることで、リーダーが生まれるための安心・安全でフラットな場づくりをしようとしているのです。

❹今ここに集中する

ハリソン・オーエンは、*Expanding Our Now*（『今を広げる』）という著書のなかで、OSTでは、「今を広げる」ことが大切だと述べています。「今を広げる」というのは、「今ここにある自分、他者、場の可能性を広げること」だと私たちは考えています。そのために大切なのは、「今ここ」に集中することです。

ここで、OSTの「４つの原則」を思い出してみましょう。

第１原則「**ここにやってきた人は、誰もが適任者である**」

この原則は、「分科会に集まったすべての人が、テーマを話し合うための適任者である」ということです。「今ここ」の分科会に集まったメンバーが、お互いに尊重しあい、活かしあって、「今ここ」での話し合いに集中することが、良い結果を生み出すということです。逆に言えば、地位の高い人や著名な専門家がいないから、この分科会に集まったメンバーでの話し合いは成果が出ないなどと言い訳をして、参加メンバーの意識を分科会が開催されている場の外に追いやることを戒めています。

これは前項で紹介した、ダニエル・キムの「成功循環モデル」の「関係性の質」と「思考の質」に関わってきます。目の前のメンバーで最大限の成果を出そうとすることが、関係性の質を高め、対話の質を上げるのです。それが、メンバー全員で力を合わせて創造的に考え、自発的な行動を喚起することにつながり、最終的に話し合いに良い結果をもたらすのです。

第2原則「何が起ころうと、それが起こるべき唯一のことである」

既成概念やステレオタイプな見方をしていると、新しい可能性が目の前に出現しても、無視したり受け入れることを拒否したりしてしまいます。しかし、そうした心の壁を取り払って「今起こっていること」に集中すると、相手もその姿勢を受け止め、むやみに意見を否定しないで、「今」が広がり、新しい可能性が開けてきます。

第3、4の原則「それがいつ始まろう／終わろうと、始まった／終わった時が適切な時である」

これも、決められた時間に縛られることなく、「今ここ」に集中しようと言っているのです。

OSTのファシリテーターは、こうした考え方を踏まえて、それぞれの原則について丁寧に説明します。そうすることで、参加者が「今ここ」に集中するように促されて主体性に目覚め、一歩前に踏み出すリーダーが生まれる状況をつくります。

❺内なるリズムで行動するように促す

最近になって、組織や人の集まりを生命体としてみる見方が広まりつつあります。これは、人や組織を機械とみなして、スピードや効率を追求してきた産業革命以降の基本的な世界観からの大きな転換を示しています。機械的な組織観と生命体的な組織観の対比については、アリー・デ・グースの『企業生命力』の冒頭で、序文を書いた『学習する組織』の著者ピーター・センゲが示唆に富んだ説明をしています。それを加工して整理したものが、**図3-3**です。

図3-3　組織を「機械とみる見方」と「生命体とみる見方」の違い

	機械としてみると	生命体としてみると
所有者	誰かに所有されている	自分自身が所有者である
目的	機械をつくった人が考える目的のために存在する（所有者のために、最大限の利益を生み出すため）	自分自身の内在的な目的を持っている
誰がつくるのか	外部の人がつくる	自分自身の内的プロセスによって自らをつくる（自己組織化する）
行動	マネジメントによって与えられる目標や意思決定に対する反応として行動を起こす	自らの目的を達成するために、自律的に行動する
メンバーの性格	メンバーは従業員、つまり「人的資源」であり、使われる存在である	メンバーは働く人々のコミュニティに属している
誰が変化させるか	静的で固定的である。誰かが変えることによって変わる	自然に進化する

出典：Arie de Geus, *The Living Company*, Harvard Business School Press, 1997
『企業生命力』（アリー・デ・グース、堀出一郎訳、日経BP社、2002年）
に掲載されているピーター・センゲによる序文より作成

図に示したように、企業を機械の一種とみなすと、悪く言えば、メンバーは誰かの指示によって従業員として使われる存在であるとみなされます。

スピードと効率だけを追求したモノづくりをするためには、時間も標準化されます。働いているメンバーは、始業時間から終業時間まで、全員が同じリズムで働き、休憩も昼食も決められた時間に規則正しく取る必要がありました。

しかし、つねに時間で管理され、スピードアップを求められれば、クリエイティブなアイデアは生まれませんし、自発性も損なわれてしまいます。

「始まった時が始まる時だ」「終わった時が終わる時だ」というOSTの第3、第4原則は、機械のリズムではなく、参加者の内なるリズムに従って働くことの重要性を表しています。創造的で積極的なリーダーがOSTの場から生まれてくるために、OSTのファシリテーターは、参加者が機械的な時間ではなく、内なるリズムを大切にするように促します。

❻コントロールを手放す

OSTだけでなく、ワールド・カフェやフューチャーサーチなど、他のホールシステム・アプローチにも共通していることは、参加者の自主性・自律性が最大限に活かされるような場をつくろうとする姿勢です。なかでも、このことを最も重視しているのはOSTだと言っても過言ではないでしょう。

ですから、OSTのファシリテーターに望まれることは、自己組織化が起こりやすい場づくりを心がけることであり、コントロールを手放して、できるだけ介入しないことです。ハリソン・オーエンは、「ファシリテーターの役割は〈スペース（場）を開くこと〉と〈スペース（場）をホールド（保持）すること〉だ」と述べています。

「スペースを開く」というのは、OSTならではの「オープンさ」や「フラットな関係性」が感じられるような場を、参加者に認識してもらうということです。

OSTでは、まず全員がサークルをつくって座り、ファシリテーターがOST開催の目的や4つの原則、移動性の法則、OSTのプロセスなどを説明します。説明が終わると、ファシリテーターは、参加者から話し合いたいテーマを募ります。この「オープニング」のセレモニーによって、ファシリテーターは「スペースを開く」ことを行っているのです。その後、たくさんのテーマが提案されて、壁一面にテーマが張り出されます。そして参加者が話し合って具体的なテーマとスケジュール、チーム編成などを決めるのですが、この段階からファシリテーターは、参加者の話し合いにはいっさい介入しません。

ＯＳＴでは、このようにファシリテーターがプロセスと内容に介入しないことによって、リーダーが出現する場をつくっているのです。

❼場をホールド（保持）する

コントロールを手放すことが大切だと述べました。では、ＯＳＴのファシリテーターは何もしないのでしょうか？

そうではありません。ファシリテーターはコントロールしませんが、場をホールド（保持）するのです。リーダーが立ち現れるためには、安心・安全で心地よい場が確保されていなければなりません。そうした場をつくりホールドすることが、ファシリテーターの重要な役割なのです。

ファシリテーターは何もしなくても、存在そのものが場に影響を与えます。そのためには、ファシリテーターの「行動」ではなく「あり方」が重要となってきます。

それでは、ファシリテーターのあり方とは何でしょうか？

それは、ファシリテーターが自分のためではなく、参加者のためにそこにいるのだという自覚を持ってその場にのぞみ、場に集中することだと考えています。ファシリテーターがリーダーを生み出すリーダーとして存在するためには、つねに「自分は何者なのか」「何のために、ここにいるのか」を自らに問いつづける必要があります。

ファシリテーターの心のあり方は、立ち居振る舞いに現れてきます。

たとえば、私（香取）がＯＳＴのファシリテーターをしているときに、テーマを出した人から「分科会の進め方は、どうしたらいいですか」と質問されたことがあります。それに対して私は、「分科会に集まったメンバーで話し合って進めてください」と伝えました。

このように、決して介入せず、参加者の自主性に任せる対応をします。基本的に何もしませんが、ファシリテーター自身が迷ったり混乱したりする様子を見せないことが大切です。落ち着いた態度を示し、分科会の話し合いが終わるまで、場に集中し、参加者の皆さんをしっかりと見守ります。

ファシリテーターがきちんと場をホールドすることは、リーダーが出現するための重要な条件のひとつなのです。

❽混乱に耐える覚悟でのぞむ

ＯＳＴでは、テーマ出しが終わると「マーケットプレイス」の段階に進みますが、ファシリテーターは、テーマごとの分科会を立ち上げたり、検討の順番を決めたりするプロセスをすべて参加者による話し合いに委ねます。マーケットプレイスでは、第2章で述べたように、参加したい分科会が重なっていたり、話し合う順序を変えたほうがよいと思われたりするという問題が発生し、混乱が生じることがあります。その際、ファシリテーターは、混乱のなかから新しい秩序が生まれることを信じて、混乱に耐え、参加者による自主的な話し合いに任せます。

そのプロセスについて、心理学者のクラエス・ヤンセンは「4つの部屋のあるアパートメント」で、わかりやすく説明しています（図3-4）。この図の左上は「満足の部屋」です。ここでは、自分の考えが周囲の環境と調和しているので、平穏な生活を送ることができます。

しかし、「否認の部屋」に入ると、自分の考えとは違う考えに遭遇します。そうした考えはすぐには受け入れがたいものなので、必死に抵抗します。しかし、いつまでも否認

図3-4　4つの部屋のあるアパートメント

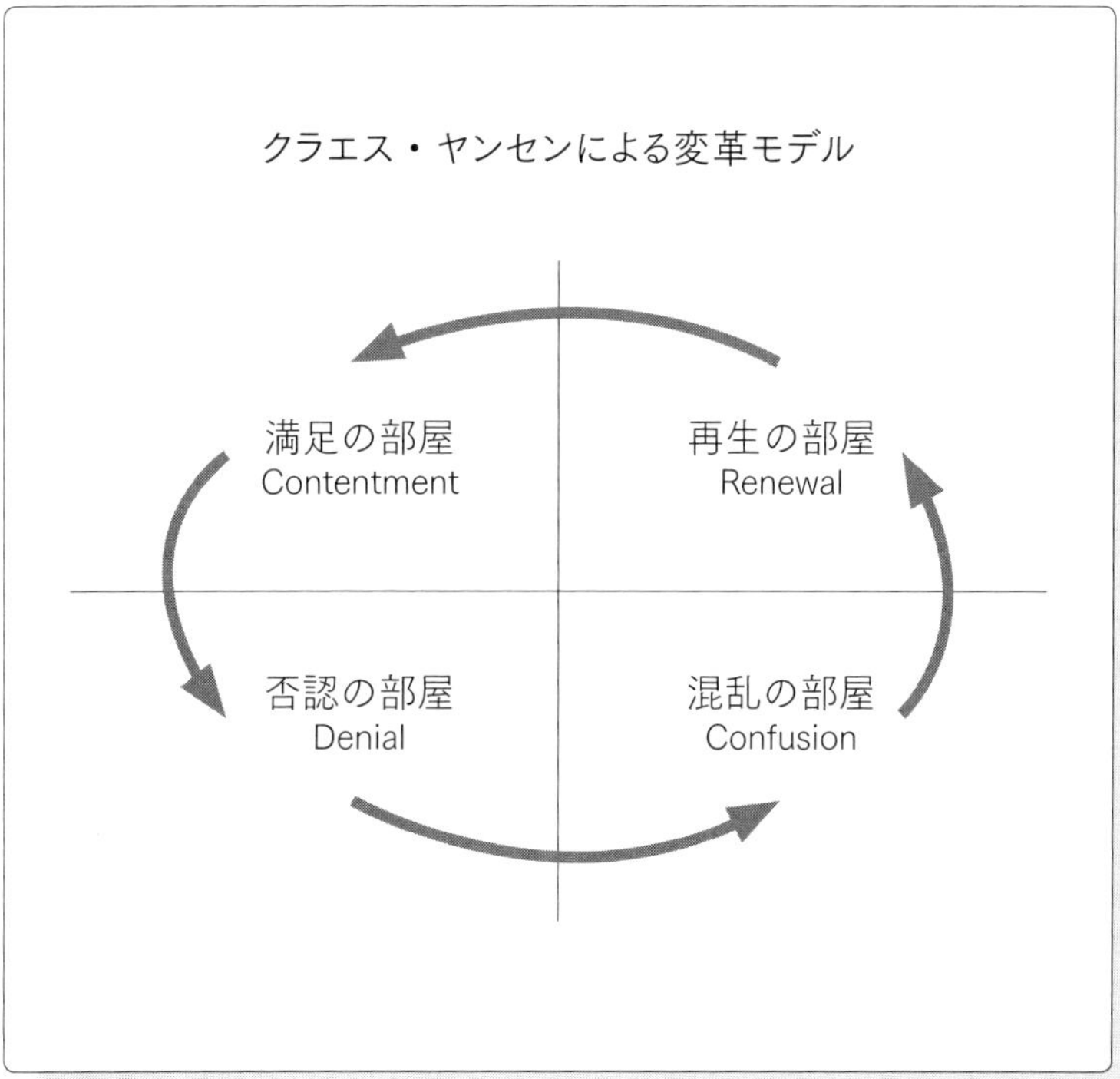

出典：『フューチャーサーチ――利害を越えた対話から、みんなが望む未来を創り出すファシリテーション手法』（マーヴィン・ワイスボード、サンドラ・ジャノフ、香取一昭訳、ヒューマンバリュー、2009年）

しつづけることができなくなると、新しい考え方を受け入れざるを得なくなります。すると、それまでの考えと新しい考えの矛盾や対立に悩むことになり、「混乱の部屋」に入っていくことになります。

「混乱の部屋」は、とても居心地が悪いので、必死になってそこからもがき出ようとします。すると矛盾や対立を超えた新しい考えが生まれ、「再生の部屋」に移動するのです。

フューチャーサーチでは、この理論を応用して、あえて混乱を引き起こすことにより、参加者が新しい未来を構想する力に変えるように、そのプロセスが設計されています。

OSTでも、マーケットプレイスでは、提案されたテーマが不明確だったり、矛盾していたりして、しばしば混乱が生じますが、そのなかから新しい秩序が生まれてくるのです。リーダーが生まれる場を開き、ホールドするOSTのファシリテーターは、混乱のなかからリーダーが出現することを理解して、介入することなく見守ることが求められます。そのことが、一人ひとりの自発的な行動と、創発的な協働を引き起こします。何もしないことに耐える忍耐が必要となってくるのです。

組織マネジメントへの示唆

以上、リーダーが生まれる場を開くために、OSTのファシリテーターがどのような態度や振る舞いをしているかについて説明しました。

ところで、そうしたファシリテーターの態度や振る舞いは、強い意志と責任感を持って一歩前に踏み出すメンバーが多く生まれる場をつくりたいと考えているからです。そしてこのことは、組織のマネジメントをしているリーダーたちに対して、貴重な示唆を与えるものなのです。

以下に、OSTにおけるファシリテーションが、組織マネジメントのあり方に対して与える示唆について述べることにします。

①目的を共有して場を開く↓共有ビジョンの構築

すでに述べたように、OSTのファシリテーターは、目的を共有して場を開きますが、組織運営の現場においても、リーダーは組織という場が「何のために存在するのか（ミッション）」「何を目指すのか（ビジョン）」を明確にすることによって、リーダーが生まれる場を開きます。組織の創業期には、そもそも何のために組織をつくったのか、何を目指すのかなどは、メンバー間で明確に共有されているでしょう。しかし、時が経つと、しだいに創業当時の思いが薄れてしまいがちです。そんなときは、改めて自分たちのミッションやビジョンを再確認したり、場合によってはつくり変えたりすることも必要です。

そのときに大切なのは、「メンバーが情熱と関心を持てるようなビジョンになっているか」ということです。

「学習する組織」を提唱したマサチューセッツ工科大学のピーター・センゲは、企業が持続的な成長を遂げるためには、組織学習能力を高め、未来を創造する能力を強化しつづけなければならないとして、そのために必要な5つの規律（ディシプリン）を掲げています。その5つの規律のひとつが「共有ビジョン」です。ここでいう「共有ビジョン」とは、組織のありたい未来の姿について、組織のなかのすべての人々が共有しているイメージです。組織のありたい姿を共有することにより、その実現のために貢献しようとして、一人ひとりの自発的な行動が生まれてくるのです。

私（香取）は、組織開発のコンサルティングを依頼されたときは、まずミッションやビジョンが組織内で共有されているかどうかを確認します。そして、必要な場合には、できるだけ多くの人が参加する形で、組織のミッション、ビジョン、バリューを話し合うことから始めます。これは、私自身が大手通信会社の子会社の社長に就任した直後に行ったことでもありました。着任したときは、自分たちが何者で、何を目指しているのかを聞いても、明確な答えは返ってきませんでした。そこで、ミッションやビジョン、バリューについて社員と話し合い、共有ビジョンを確立すると、やがて社員自身による自主的な実践コミュニティが生まれるまでに組織が活性化しました。

②グラウンド・ルールを示す↓バリューや行動指針の共有

自由闊達で自発的なリーダーが生まれてくる組織をつくろうとしているにもかかわらず、「全員が守るルールを示す」などというと、メンバーの行動を制約するかのように思われるかもしれません。しかし、すでに述べたように、「何をしても自由だ」と言われると、かえって警戒心が生じてしまいます。ですから、ワークショップでは「グラウンド・ルール」を示して、それを守れば何をしてもよいという安心・安全な場をつくり、参加者の積極的な参加を促しています。

他方、通常の組織運営においては、何を大切にするか（バリュー）や行動指針などを定めて共有することにより、ワークショップにおけるグラウンド・ルールをつくることと同様の効果を上げることができます。

たとえば、私（香取）が社長をしていた会社では、変革チームが中心となって「ミッション」「ビジョン」「バリュー」を明確化しましたが、そのときの「バリュー」は、「私たちの合言葉」と名付けられたもので、具体的には次の5項目でした。

● 明るく、楽しく、元気よく
● 新しもの好き、珍しもの好き
● 粒ぞろいより、粒違い
● 三人寄れば文殊の知恵
● ありがとう、ありがとう、ありがとう

③フラットな関係の場をつくる→自発的なリーダーが生まれる環境整備

これまでは、指揮命令系統が明確な階層型組織にすることで、効率的な組織運営が行われると考えられてきました。変化がゆっくりとしていた時代には、ビジネスを進めるための知識やスキル、ノウハウが安定していたので、経験者や上位者の指示で仕事を進めることが効率的でした。しかし最近では、技術やビジネスモデルが急激に変化し、つねに新しい知識や情報、ビジネスのやり方を取り入れていかなければなりません。こうした時代にあっては、組織のあらゆるところでナレッジが生み出されるような組織形態にする必要があります。そこで、ティール組織やホラクラシー*に代表されるようなフラットな組織形態にして、自律的な組織運営を行おうとする考え方が出てきました。ＯＳＴのワークショッ

＊ホラクラシーとは、2007年にアメリカの起業家であるブライアン・ロバートソンが提唱した新しい組織形態。ホラクラシー型組織は、組織の階層を一切なくしたフラットな組織形態となっていて、組織運営上の特定の役割を担うチームがネットワーク状につながって、自律的、自走的に運営される。

プでは、参加者のあいだでフラットな関係をつくることにより、自発的なリーダーが生まれる環境を用意します。日常の組織運営においても、できるかぎりフラットな関係性を築くことが望まれます。

④今ここに集中する→コントロールできることに集中

OSTでは、4つの原則を掲げて「今ここ」に集中しようと訴えています。そして「今ここ」に集中することによって、可能性が広がり、その可能性を活かしたいと考えて一歩前に踏み出すリーダーを出現しやすくしているのです。「今ここ」に集中することは、言い換えればコントロールできないことを嘆くのではなく、コントロールできることに集中して取り組もうというメッセージでもあります。

ビジネスの現場では、「コントロールできないこと」に直面して無力感に襲われることもままあります。しかし、「コントロールできること」は、それ以上にたくさんあるのです。コントロールできないことにエネルギーを費やすよりは、コントロールできることに注力して可能性を広げるほうが得策だというプラグマティックな考え方が、その背後にあります。

リーダーが生まれる場を開こうとする組織のリーダーは、メンバーとの日常的なやりとりのなかで、「今ここに目を向けて、コントロールできることに意識を集中しよう」というメッセージを発信しつづけることが望まれます。

⑤内なるリズムで行動するように促す ↓ 多様で創造的な働き方

組織をあたかも機械であるかのように考えると、決められた時間や規則に従って整然と仕事を進めることが望ましいということになります。明治維新を契機として推進された産業化の時代には、画一的な製品を大量生産するために、人間の行動も機械のように画一化する必要がありました。

しかし、急激な環境変化のなかで、さまざまな分野でのイノベーションが求められる時代になると、決められた時間や規則に従って、これまで通りの仕事の進め方をしているだけでは、創造性を発揮することが難しいとの反省が起こっています。

最近では、働き方改革の名の下に、さまざまな変革が行われるようになってきています。そして、フレックスタイムやリモートワーク、パラレルワークなど、多種多様な働き方が導入されるようになってきたのは、メンバーの自律性を促す動きの表れだと考えられます。このことは、「画一性」を重視する時代から「多様性」を重視する時代への転換を象徴的に表しているものだと言えるでしょう。

「機械のリズム」ではなく、「内なるリズム」に従って行動するというOSTの考え方は、日常のマネジメントの場においても非常に意味のあることなのです。

⑥コントロールを手放す→社員の自主性の尊重

OSTのファシリテーターは、マーケットプレイスが始まると、参加者がテーマ別のグループをつくり、話し合いを進める過程や分科会での話し合いなどにはいっさい介入せず、参加者の自己組織化に任せます。

それが可能なのは、OSTを開催するに当たって、目的を明確にし、オープニングでフラットな場づくりを行い、グラウンド・ルールを明示したからです。自己組織化が起こりやすい場づくりをしておけば、コントロールしなくても、リーダーが生まれ、自律的な行動が可能になります。

このことは、日常の組織マネジメントの場におけるリーダーにも当てはまります。ミッションやビジョン、バリューを共有し、安心・安全な場づくりを心がけます。さらに、事細かな指示や命令を下して部下をコントロールしないで、部下を信じて任せる態度を示すことで、リーダーが育つ環境をつくることができるのです。

⑦場をホールド〈保持〉する↓リーダーの〈あり方〉の探求

前述のように、ＯＳＴのファシリテーターと同様に、組織のリーダーも、メンバーに細かい指示を与えて行動をコントロールすることをやめて組織をマネジメントすることは可能です。その場合、メンバーが自律的な行動を起こせるような安心・安全で信頼関係のある場をつくり、ホールドすることは、きわめて重要です。リーダーは、メンバーからつねにその言動や立ち居振る舞いを見られています。私利私欲のために動いたり、メンバーのためを考えていないと見なされたりすれば、すぐに信頼を失います。何もしなくても、その言動や思いに共感が得られれば、安心・安全な場づくりができるのです。

しかし、「事細かな指示や命令を下してコントロールしない」ことは、何も語らないということではありません。組織のミッションやビジョンなどについてのリーダーの「思い」は、大いに語るべきです。その場合、自分の思いを押し付けるのではなく、メンバーと共有して対話を重ね、①で述べたように「目的を共有する」ことが肝要です。それが、「安心・安全な場」をつくることにつながるのです。リーダーは、そのようにして場をホールドするのです。

⑧混乱に耐える覚悟でのぞむ ↓ 創発への信頼

自由闊達な組織風土をつくり、あらゆる階層から情熱と責任感を持って一歩前に踏み出すリーダーが生まれるような場をつくろうとして変革プロセスを始めると、やがてある種の混乱状況に陥ることがあります。

それは、それまで押さえつけられてきた不平や不満が一挙に噴出してくるからです。なぜなら、不平や不満を言っても不利益になることがないと思える安心・安全な場ができていると社員が感じるからです。ですから、リーダーはこれらの意見を押さえつけようとするのではなく、前述したクラエス・ヤンセンの「4つの部屋のあるアパートメント」の理論が示すように、混乱がやがて新しい可能性を開く建設的なものに変わっていくのだと信じて耐えることが必要なのです。

こうした建設的な混乱の場に遭遇したとき、リーダーは、ワークショップのファシリテーターと同様に、自分が何のために、誰のためにそこにいるのかと自問しながら、しっかりと地に足をつけて立ちつづけ、新しい秩序や生まれてくるリーダーの出現を見守ることが求められます。

第4章

OSTを柔軟かつ創造的に活用する

2つの仮説

ここまで、ハリソン・オーエンが開発したOSTの標準形を念頭において説明してきました。しかし、その時々の状況に応じてカスタマイズするなど、柔軟に対応する必要があります。その場合、OSTの良さを失うことなく、OSTを組織やコミュニティで効果的に活用するには、OSTという手法を成り立たせている2つの仮説に注目する必要があると考えます。

第1の仮説は、「人は、自分が本当にやりたいと思ったことに取り組むとき、最大限の能力を発揮する」というものです。

会社勤めをしていれば、上司からの指示や職責を果たすために、やらなければならないことは多々あるでしょう。しかし「やらなければならない」では、たとえ一生懸命に取り組んだとしても、心の底から喜びを感じることはできません。これに対して、「やりたい」という内発的な動機から出たことなら真剣に取り組むことができて、喜びを感じることもできるのです。

ＯＳＴでは、参加者が内発的な動機から検討課題やプロジェクトを提案して、志を同じくする仲間と取り組むことによってのみ、実効性のある結果を生み出すことができるのだという前提に立っているのです。

第２の仮説は、「参加者が内発的な動機から自発的に行動するためには、ファシリテーターはコントロールを手放して、参加者の行動上の自由度を高めなければならない」ということです。

「移動性の法則」に基づいて「蜂」や「蝶」のような参加の仕方を認めたり、あらかじめ決められた時間に縛られることなく、「始まった時が始まる時」「終わった時が終わる時」だとするカイロス的な時間の使い方を奨励したりしているのも、このような仮説が背景としてあるからです。

❶ ＯＳＴをカスタマイズする

組織開発やコミュニティ開発でOSTを活用しようとする場合、その時々の置かれた状況によって、OSTの標準的な形やプロセスでは実行が困難な場合もあります。

たとえば、OSTのファシリテーターがしばしば経験する状況としては、次のようなものがあります。

①部屋に机と椅子が並んでいるが、椅子だけでサークルをつくるためのスペースがない
②全体の時間が短く、分科会のために複数の時間帯を設けることができない
③テーマに対する参加者の問題意識が十分に高まっていない

そんなときには、たとえば次のように、OSTをカスタマイズして活用することもできます。その際、心がけたいのは、先に述べた「2つの仮説」に立脚したプロセスになっているかどうかということです。

①オープニングのためのサークルをつくらない

先述したように、企業など従業員に上下関係がある場合は、OSTの当日にサークルの形に座っただけでは、安心・安全な場をつくることができません。上下関係がある人たち

が参加する場合、特にポジションの高い人が、当日フラットな姿勢を示すことができるように、ファシリテーターは、ＯＳＴの主催者と事前に対策を施しておく必要があります。そのような事前準備があれば、ＯＳＴの当日、参加者全員が安心感を持って積極的に発言し、行動できるようになります。

一方、特定のテーマについて話し合いたい人が参加する公開でのＯＳＴワークショップの場合などによくあるのですが、そもそも対等な話し合いができる場をつくれることが明らかな場合は、無理にサークルをつくる必要はありません。

また、椅子だけでサークルをつくるスペースのない会場、たとえば階段教室などでＯＳＴを開催する場合もあると思います。そのときは、机から立ち上がって前方の黒板まで歩いて行ってテーマを読みあげ、黒板に紙を張るという方法でもかまいません。あるいは、その場でテーマを書いた紙を持って立ち上がり、テーマの内容を伝え、ファシリテーターがその紙を受け取って、全員が見える場所に張るというやり方でもけっこうです。

②分科会のための時間帯を調整する

ＯＳＴ全体に使える時間が60～90分程度しかないことがあります。この場合は、目的にもよりますが、分科会のための時間は、できれば45分程度は確保したいところです。これにオープニング、マーケットプレイス、発表などの時間を入れると、分科会のための時間枠はひとつしか取れません。

参加者が多い場合には、提案されるテーマの数も多くなる可能性が高く、できれば複数の時間枠を設けたいところです。その場合は、分科会の時間枠を45分ではなく30分に短縮して2枠設けるなど、柔軟な対応が求められます。

③ＯＳＴを始める前に、ダイアログやワールド・カフェで参加者の交流を促す

テーマに対する参加者の問題意識が十分に高まっていない場合には、いきなりＯＳＴに入っても効果的な話し合いは期待できません。

そのようなときは、ＯＳＴに入る前に、参加者同士で、悩んでいることを共有し、そのための解決策を考えるワールド・カフェを開催することで、テーマに関する問題意識を深め、ＯＳＴで検討したいテーマを考えやすくする方法もあります。

④ワールド・カフェとＯＳＴを組み合わせる

この他にも、ワールド・カフェの問いをＯＳＴで決めることも行われています。

この場合は、ワールド・カフェを始める前に、ＯＳＴのオープニングとマーケットプレ

イスを行います。そしていくつかの問いが提案されたら、各テーブルにそれらの別々の問いを割り振っていきます。そのうえで、参加者はワールド・カフェ方式でメンバーを交替しながら対話を続けていきます。

❷組織開発（OD）とOST

最近になって対話型の組織開発のためのワークショップとして注目されているAI（アプリシエイティブ・インクワイアリ）などの手法では、ほとんどの場合、アクションを生み出すプロセスを進める段階で、OSTもしくはOST的なアクティビティが組み込まれています（図4-1）。

OST的なプロセスを組み込むことにより、具体的な行動を起こすチームが自己組織的に生まれてくることを期待しているのです。

しかし、この段階でのOSTが本当に意味のある結果を生み出すためには、その前段で行われる理想的な未来のイメージについての共有が重要になります。まさに、参加者の準備ができているかどうかが成否を左右するのです。

図4-1　AI、フューチャーサーチにおけるOSTの活用

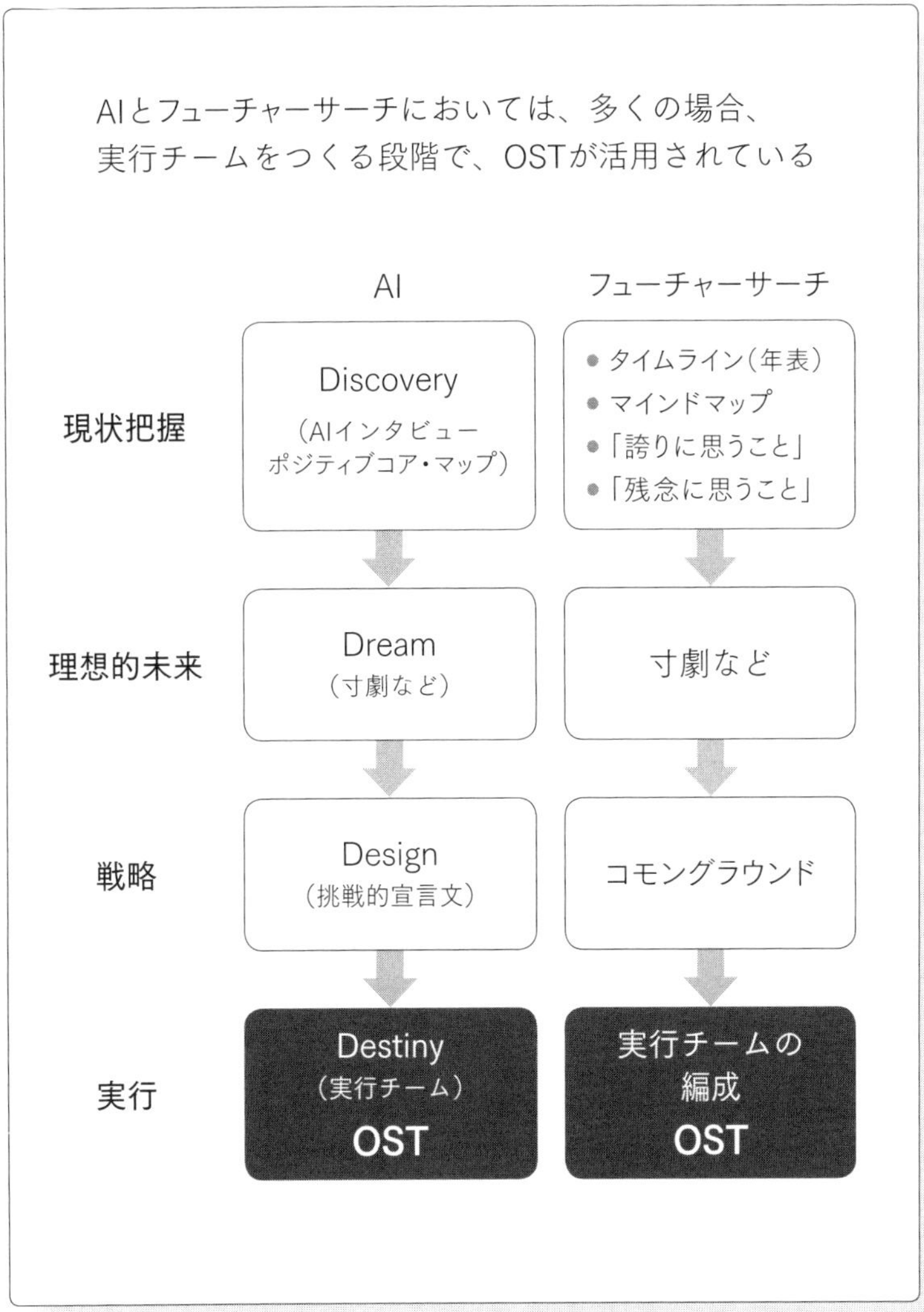

❸学びの場づくりへの活用

ＯＳＴというと、具体的なプロジェクトを生み出したり、実行チームを立ち上げたりするためのミーティングの方法だというイメージを持たれがちです。確かに、そうした結果が生み出された事例は数多く報告されています。

しかし、ＯＳＴは行動を生み出すためだけに使われているのではありません。特定のテーマについて、さまざまな視点から共通の関心を持つ人が集まって話し合い、そのテーマについての理解を深めるために使われる場合も多くあります。

たとえば、マネジメントの研修で、部下の指導に関して悩んでいる人が、仲間と話し合って解決の糸口を探したいと考えている場合などです。同じような悩みを持っている参加者同士で話し合うことで、学び合うことが可能となります。

❹イベントではなく、日常的な実践コミュニティとして展開する

ＯＳＴは通常、特定の時間に、特定の場所で、参加者が集まって行うイベント型のワークショップとして開催されます。しかし、ＯＳＴが前述した２つの仮説に立脚しているの

だとすれば、イベントとして開催するのではなく、日常業務のなかでプロセスとして展開することも考えられます。その典型的なケースが「実践コミュニティ」です。

実践コミュニティは、英語では「Communities of Practice」と言います。その頭文字をとって、CoP（シーオーピー）もしくはコップとも呼ばれています。実践コミュニティを最初に定義したのは、ジーン・レイヴとエティエンヌ・ウェンガーという人です。

二人は、実践コミュニティについて、次のように定義しています。

「あるテーマに関して共通の関心や問題意識、熱意などを共有し、その分野の知識や技能を持続的に、相互交流を通じて深めていく人々の集団」

実践コミュニティは、さまざまな知識や能力を持つ個々人が、既存の組織や領域を超えて知識や情報を持ちより、助言を与え合い、協力しながら問題解決をしたり、共通の問題について深く研究したりするなどのコラボレーションを行い、知識の創造を行うところにその特徴があります。

たとえば、次章で紹介する京都市伏見区の〈ふしざく〉という実践事例では、毎年4月からスタートして5月と6月にそれぞれ1回、OSTを用いたワークショップ形式で

「チーム提案会」を開催しています。そのときだけのイベントとして終わるのではなく、そこで結成されたチームは、翌年の3月まで継続的に活動する仕組みとなっています。また、毎月1回、定例会を開催し、チームを超えたメンバー同士の対話と交流も行っています。

第5章

OSTの実践事例

CASE STUDY

大成建設株式会社

開催までの経緯

大成建設株式会社は、さまざまな自然災害から都市やまちを守るだけでなく、生活やビジネスの継続、災害後の復旧をスムーズにするためには、どのような物が必要になってくるのかを模索しています。その活動を推進しているのが、ライフサイクルケア推進部の小野眞司さんです。

小野さんはもともと、建築物の地震対策を普及するためのマーケティングや顧客支援の仕事をしていましたが、阪神淡路大震災の直後に専門部署を立ち上げ、20年近く携わってきました。しかし、建物の耐震改修に関する技術はもちろん法制度や支援措置などが進んでも、なかなか地震対策が進まない現状がありました。

小野さんは、各地で地震対策セミナーや耐震ネット*というウェブサイトを通じて、建物の地震対策の必要性とその方法論を普及させることに尽力してきました。それにともない、

＊ http://www.taisin-net.com/

取引先やセミナーの参加者から、「地震対策に取り組むさまざまな企業や関係者が情報交換し、考える機会がほしい」という要望が寄せられるようになりました。小野さんも同様に、本当に有効な地震への対策を進めていくには、多くの知恵と協力が必要だと感じていました。

それには、建物の耐震化といったハードウェアの部分だけでなく、本当の目的である事業や生活の継続管理（ＢＣＭ／ＬＣＭ）、そのために必要な制度やシステム、それらを担っていく組織やコミュニティのあり方といったソフトウェアの部分を含めた包括的な視点が必要になります。そこで、「災害に負けない社会とは、どのようなものなのか」について、できるだけ多様な関係者が話し合うことで、その姿を探っていく活動を始めることにしました。

自社にとっても、そのような場が、これまでとは異なる視点でお客様の声を聞く良い機会となり、自社の方向性を捉えなおして今後の事業展開にもつながるのではないかという意図もありました。

そこで小野さんは、「しなやか」という意味を含む言葉である「レジリエンス」に注目しました。ダメージを受けにくく、受けたとしても深刻化や長期化をせず、素早く復旧できるような社会のあり方を探求するワークショップ「レジリエンスの未来」を２０１４年

3月に開催したのです。さまざまな企業からの支援を得て企画は進み、企業・行政・一般の市民の立場などから、約100名が集まりました。

この場では、レジリエンスについての理解を深めたうえで、レジリエントな未来社会の多様な姿をビジョンとして描き出し、そうした社会をつくるために必要なさまざまな「レジリエンス・アイデア」が生まれました。

その後、「このワークショップだけで終わってほしくない」「出てきたアイデアを、どう行動に移すかが大切だ」という声が参加者のなかからたくさん出てきました。小野さんも、「一度のワークショップでアイデアを出しただけでは、何も始まらない。それを実行し、社会に実装していくためには、アイデアを実行したい人をつなぎあい、アクションを起こしていく必要がある」と考え、OSTを使ったプロジェクト創出のセッション開催を企画しました。

実際には、ワールド・カフェやプロアクションカフェ、マグネットテーブルといった、さまざまな手法を組み合わせています。ここでは、OSTとプロアクションカフェがどのように行われたかを説明します。

当日のプロセス

前回のワークショップから3カ月後の２０１４年6月11日、さまざまな企業や有志メンバーの協力の下で「レジリエンスの未来２」が、継続参加者だけでなく新規の参加者も加わって、40名ほどで開催されました。参加者は、企業の役職員、ＮＰＯ、公益法人、行政、公共団体、学校関係者、学生など、今回も多様な顔ぶれとなりました。

今回は、前回のようにアイデア出しで終わるのではなく、テーマごとにチームをつくり、チーム別に実現したい未来像を描きながら、それに向けて必要なアクションプランまで作成することを目指しました。

当日の流れ

① チェックイン

アイスブレイクとして、参加者同士の自己紹介や、参加した理由などを全体で共有しました。

②インスピレーショントーク
（有識者による知見の共有）

OSTのプロセスを始める前に、参加者がテーマのアイデアや貢献方法をイメージしやすくなるように、実践者や有識者からインプットを行う「インスピレーショントーク」を行いました。このとき、スピーカーが一方的に話しつづけるのではなく、スピーカーの周囲を参加者が金魚鉢のように囲う参加型の対話手法「フィッシュボウル」を用いました。

▶「レジリエンスの未来2」の様子

③テーマ出し

その後、ＯＳＴの進め方の説明を行い、レジリエンスのある社会を実現するためのテーマ出しに移りました。

インスピレーショントークの内容や前回出されたアイデアを踏まえて、改めて実行に移したいテーマを提案する人たちが参加者のなかから立ち上がりました。提案者同士での話し合いを経て、類似したテーマの統合や修正が行われ、最終的に６つのテーマに集約されました。

④分科会

参加者は、まずそれぞれ自分の取り組みたいテーマのテーブルに着席し、分科会での話し合いに入りました。

分科会の目的は、具体的な実践アイデアに落とし込む「プロトタイピング」を行うことでした。テーマの本質を掘り下げる対話のステップとして、次のような問いを掘り下げていきました。

「そのテーマが実現すると、どんな〈レジリエンス〉が生まれますか？」

「そのテーマの実現に不足しているものや必要な協力は何でしょう？」
「そのテーマの具体化に向かって動き出すために必要な〈初めの一歩〉は何ですか？」

また、参加者は、「移動性の法則」に則って分科会を移動しながら、自分が関わりたいと思うテーマを探していきました。

⑤全体シェア

分科会を通じて、最終的に次の6つのプロジェクトが生まれました。

- 文京区本郷でいっしょにTryしてみませんか？　特に大学・企業・地域ネットワーク
- レジリエンス・マンション
- 防災訓練会のメニュー
- 時間軸を意識した防災食メニュー
- レジリエンス力は1粒で3度おいしい！

● 会社から始める勇者名刺Map

チームごとに、話し合いがどのように進行したのか、どのような気づきがあったのか、また「初めの一歩」について発表がなされました。より具体的なアイデアに落とし込まれたことで、参加者の意欲は非常に高く、活気に満ちていたそうです。

⑥総括

最後に、小野さんから、今回のセッションに対するまとめと、今後に向けた抱負が語られました。

「次へのステップを宣言された方、個人で継続していこうとされている方、さらにアイデアを膨らませたいと思っている方、そんな人同士をつないでいく場にするためにも、この取り組みとネットワークが、さらなるレジリエンスを形づくっていくようにしていきたいと思っています」

プロアクションカフェ

ＯＳＴのあと、それぞれのチームが動き出し、統合したり活動内容を修正したりしながら、プロジェクトに発展していきました。手応えを感じるとともに、それぞれのチームが直面している課題や迷いの声などを聞いた小野さんは、それぞれの活動をさらに推進するためにプロジェクト間の連携を強化すべく、２０１４年7月31日に「レジリエンスの未来3」を開催しました。小野さんは、「具体的な内容や起こしているアクションは違っても、〈レジリエンスの未来への思い〉は同じなので、力を合わせてできることは必ずある。そして、お互いの活動内容から学び合える」と考えていました。

第3回のワークショップでは、プロアクションカフェ（巻末の付録を参照）を採用しました。プロアクションカフェとは、何かのプロジェクトを前進させたい人（「コーラー」＝提案者、プロジェクトを出す人）と、そのプロジェクトをサポートしたい人（「サポーター」＝支援者）が対話を通じて「次の一歩」を考えるワークショップ手法で、ワールド・カフェとＯＳＴを組み合わせて開発されました。

まずは、ＯＳＴのように、話し合いたいテーマをコーラーが提案します。そして、３ラウンドの対話の時間を設けて、1ラウンドごとにコーラーとサポーターで対話を行います。ラウンドが変わるときは、サポーターが重ならないように席を移動します。コーラーは、多様な人々から本質的な問いを投げかけられることで、目標達成に向けて具体的な行動につなげていきます。なお、対話するメンバーは意図的に変更されるので、ＯＳＴのような「移動性の法則」はありません。

当日の流れ

①オープニング

まず、ファシリテーターから、今回のワークショップの目的とルールの説明がありました。目的は、前回のＯＳＴで生まれたプロジェクトを、参加者同士が支援しあい成長させていくことです。ルールとは、主に対話の際の心構えのことで、次のような説明がなされました。

「一人ひとりの〈思い〉を大切にする」
「お互いの違いや多様性から学び、アイデアを生み出す源泉とする」

「参加者全員で発言機会を提供しあい、よい関係性をつくりあげる」
「いつもの主張をただ話すのではなく、その場で感じたことを大切にする」
「今日この場でいっしょになった縁を大切に、アクションを支援しあう」

②関係性をつくるためのアイスブレイク

チェックインとして、参加者全員がサークル状に座り、参加した動機や話し合いたい思いについて、一人ひとり発言して共有していきました。

③コーラー（提案者）の発表

今回は、すぐに実践アイデアの検討に入れるように、事前にウェブ上でコーラーを募集して、活動内容や課題、支援してほしいことなどを提出してもらい、それらを公開しながら、参加の呼びかけが行われました。

そこには、これまでのワークショップで創出されたものを試行錯誤で進めてきたものや、新たに提案されたプロジェクトもありました。また、ワークショップの開催レポートからヒントを得て、独自に始めた活動などもありました。

次の6つのプロジェクトが、改めてコーラーのプレゼンによって紹介されました。

●文京いきぬきプラットフォーム
●レジリエンス・マンションのための人材育成プロジェクト
●避難食レシピコンテスト
●防災コン！
●ＢｏｈｓａｉＢＡＲ（防災バー）
●防災チャレンジ運動会

④対話のラウンド
その後、コーラーごとにテーブルに分かれ、そこに4名程度の参加者がサポーターの立場で加わります。

そこでファシリテーターから、サポーターの役割について説明が行われました。

「サポーターの役割は、コーラーが、なぜそれをやりたいのか、どのようなことをやりたいのかを〈問いかけつづける〉ことです」

さらに、次のような具体的な説明が付け加えられました。

「〈なぜ〉を3回、問う」（しかし、それ以上は詰問になるので問わない）
「すぐにアドバイスしようとせず、問いを考える」

こうすることで、コーラーは自分の思いを掘り下げたり、今まで考えつかなかった気づきを得て視野を広げたりすることができるようになります。
また、各ラウンドが終わったあと、数分間の「瞑想」の時間も設けられました。それまで話し合われたことを振り返り、コーラーは気づきや大切なことを、サポーターはコーラーへのアドバイスや応援メッセージを付箋紙や振り返りシートに記入していきました。
さらに、部屋のなかには「プロジェクトマップ（次頁の写真参照）」も用意されていました。これは、プロジェクト同士が連携することで、よりよい活動ができそうなアイデアを記入する場所です。振り返りや休憩の時間を使って、参加者はマップに書き込んでいきました。

▼ラウンド1
「本当にやりたい大切なことは?」

このラウンドでは、サポーターは「なぜそれをやりたいのですか」と繰り返し問いかけることで、コーラーの思いを深掘りしていきました。コーラーからプロジェクトの概要や、それを通じて何をやりたいのかについて説明があり、サポーターは「それはなぜ?」を問いつづけていきます。

その結果、たとえばあるコーラーは、当初は「災害が起こったときに対応できるための訓練」と捉えていたものが、対話を通じて「ふだんからの意識づけや、つながりが大切な

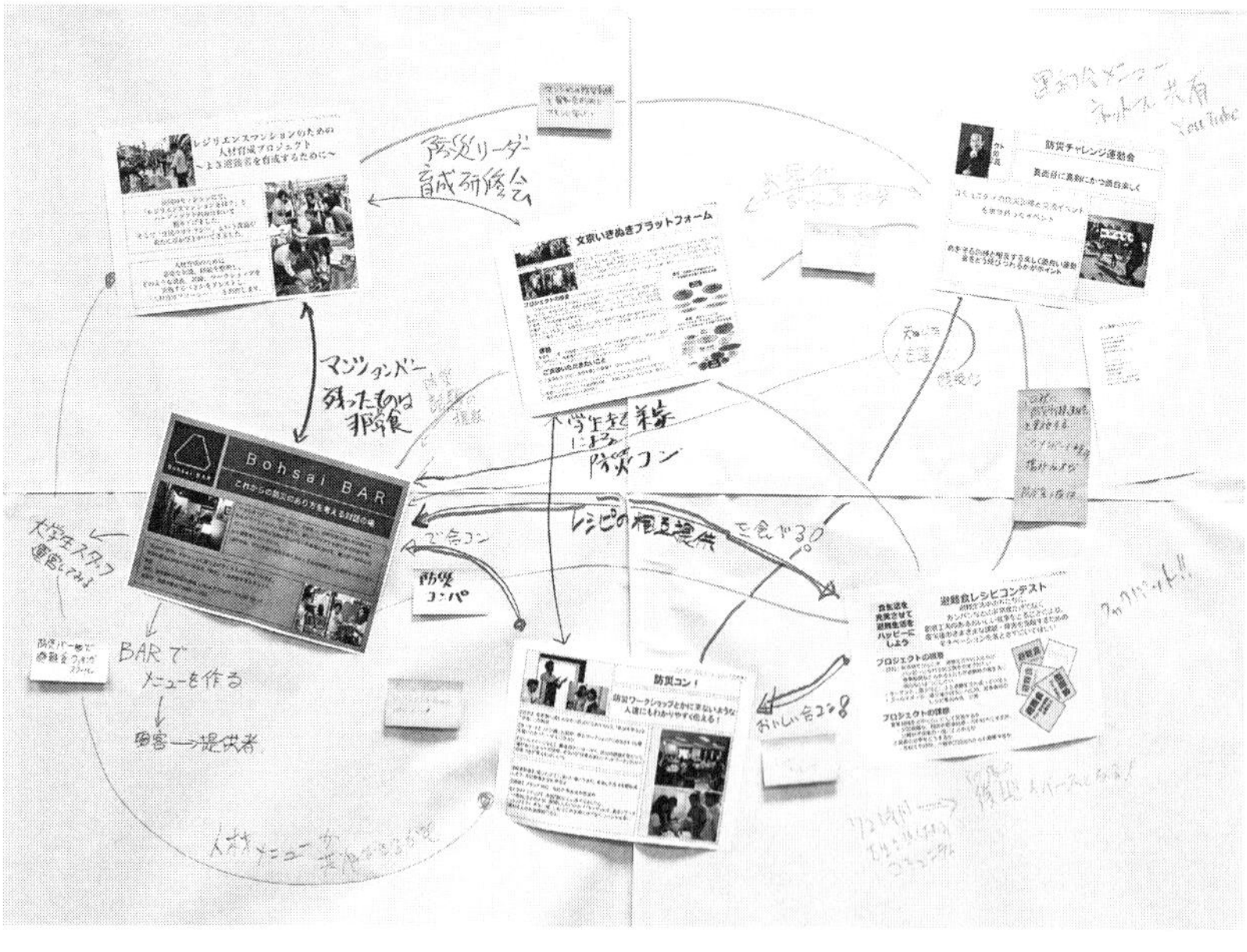

▶ プロジェクトマップの実例

ので、コミュニケーションを育んでいく方向が大切」というふうに変化していったものもあります。

▼ラウンド2「その実現に必要なことは？」

サポーターは他のテーブルに席替えをして、新しいメンバーでのラウンドになります。このラウンドでは、現在直面しているプロジェクトの課題の本質を突き止め、それを乗り越えるためには、「他にどんなアプローチがあるのか？」「目標を実現するために起こせるアクションには、どんなものがあるのか？」を探索します。サポーターは直接的なアドバイスをするのではなく、

「課題や不足していることは何ですか」
「他にやりたいことは何ですか」
「なぜ、それが必要なのですか」

と問いかけて、コーラーの気づきを促し、アイデアを引き出すことに集中しました。

▼ラウンド3「エレガントな最初の一歩は?」

最後のラウンドでは、コーラーがプロジェクト推進のために、実際に起こすべき行動としての第一歩は何かを探求します。ここでもサポーターは問いを投げかけ、「なぜ、その行動が必要なのか」「他にやるべきことはあるか」などを深掘りしていきました。

⑤全体シェア&プロジェクト連携マップ作成

3ラウンドが終わったあと、各コーラーがワークショップを通じて得た気づきについて発表しました。

「活動の内容がわかりづらいという指摘を受け、表現を深掘りすることができた」
「参加型のコンテンツをつくるというアイデアが生まれた」
「次の一歩が明確になった」

こうした発言から、プロジェクトを前進させるための糧になったことが伺えました。その後、参加者全員で、壁に張り出した「プロジェクトマップ」に連携アイデアを記入して完成させていきました。

⑥ **チェックアウト**

小野さんから、全体の振り返りと、今後も対話の場を設けることで、それぞれのアクションを促していきたいという抱負が語られました。

開催後の展開

以上のように、一連のワークショップを通じてアイデアが精査され、プロジェクトが実践に移されていきました。

特に活発な事例のひとつが、「文京いきぬきプラットフォーム」でした。これは、東京都文京区の本郷地域における防災グループ「本郷いきぬき工房」代表の瀬川智子さんが発案したものです。本郷いきぬき工房は、瀬川さんが、阪神淡路大震災や東日本大震災で被災された方々からの学びや激励のもと、自分の故郷でも防災を行いたいという思いで設立したものです。

瀬川さんは、首都直下地震に備えるには、さまざまなステークホルダーとの連携が重要だという認識を抱いていましたが、具体的な解決策に至らず悩んでいました。ちょうどそのとき、友人の紹介で大成建設のワークショップに参加しました。ＯＳＴでは「文京区本郷でいっしょにＴｒｙしてみませんか？　特に大学、企業、地域ネットワーク」というテーマを出し、その後のプロアクションカフェで「文京いきぬきプラットフォーム」のプロジェクトに発展していきました。

近隣の東京大学の学生と共同で企画した、高齢者・妊産婦・障害者の方々といっしょに散歩することで防災意識を高める「ユニバーサルまちあるき」の事業や、大成建設や文京区と連携したフューチャーセッションの開催による新たなアイデアやプロジェクトの創出など、さまざまな活動を行っています。

小野さんとしては、一連のワークショップを通じて、これまでの「建設ビジネス」としての関わりとは異なる、他の企業や市民との関係が生まれたことを実感しました。また、今後の社会のあり方として、多様なステークホルダーが集い、対話を通じて協働のアクションを生み出していく場が増えていく必要性と可能性を実感しました。企業もその一員として、これまで培ってきた知見や資源を活かし、社会の課題を解決していくための新たなビジネス創出やイノベーションにつないでいく必要があり、それこそが今後の企業が担っていくべき役割であると小野さんは考えています。

「レジリエンスの未来」の共創活動は、さらに続いていき、２０１５年3月に仙台で行われた第3回／国連防災世界会議のパブリックフォーラムとしても開催され、それまでの活動で得た知見や創出されたプロジェクトを国際社会と共有しました。

また、２０１６年からは、大成建設内で進められていた「オープンイノベーション」のチームに小野さんが参画することになり、社内外でさまざまなテーマでの共創活動が展開されるようになっています。

今後、これまでの一連の活動で培ったＯＳＴやプロアクションカフェなどの手法と知見の活用が期待されています。

［参照］

- 大成建設株式会社「レジリエンスの未来」
  http://www.taisin-net.com/resilience/

- 大成建設のオープンイノベーション（TOI Lab.）
  http://www.taisei.co.jp/oi/index.html

写真提供：大成建設株式会社

CASE STUDY

株式会社大分フットボールクラブ×大分大学経済学部×富士通総研　アイデアソン

近年、新規事業の創出を目的としたアイデアソンやハッカソンなどのイベントが急増しています。さまざまな形態のものがありますが、そのなかにはOSTの要素が盛り込まれているものもあります。そのひとつを紹介しましょう。

この事例が特徴的なのは、アイデアを出しやすくするために、また分科会の話し合いを円滑にするために、「アイデアスケッチ」や「スピードストーミング」などの工夫を凝らしていることです。

開催までの経緯

大分大学経済学部は、新学科である社会イノベーション学科の設立に向けて、企業との連携を模索していました。この新学科は、学生が地域の企業や団体と連携して、社会課題の解決策に取り組む人材育成を行うという目的を持っています。そこで、産学でのオープンイノベーション促進を手がける株式会社富士通総研と2014年末から連携することになり、さまざまなワークショップを開催してきました。

その過程で、地元のサッカーチーム「大分トリニータ」を運営する株式会社大分フットボールクラブ（大分FC）との共創プロジェクトが生まれました。

当時、チーム発足から約20年になる大分FCは、サポーターが徐々に高齢化して、観客数の減少傾向が続いていることに危機感を抱いていました。そのため、未来のサポーター候補である大学生のニーズを理解したいという思いがあり、学生との共同事業は、その絶好の機会と捉えました。

2015年から継続的にアイデアソンが開催されていますが、今回は新しいチケットサービスを生み出した2016年6月のワークショップを取り上げます。

当日のプロセス

大分大学の学生や教員、大分FCの社員だけでなく、他の企業や団体から総勢54名が参加しました。「常識を覆す新たなチケットで大分トリニータと若者をつなぐ〝ワクワク〟

するサービスを生み出そう！」をテーマとして、以下のようなプロセスで進行しました。オリエンテーション主催者側から、プロジェクトの目的や狙い、審査基準・審査員が紹介されました。また、参加者をあらかじめ11のグループに分け、自己紹介を通じてアイスブレイクを行いました。

①トークセッション

参加者がアイデアを発想しやすくするため、大分トリニータで試合運営や集客のための企画や広報を行っている方がスピーチを行いました。

②ターゲットユーザーの理解

現代の「若者像」を理解し、課題を発見するために、あらかじめ設定された3つのペルソナからニーズや課題の設定を行いました。

③スピードストーミング

フォークダンスのように二重の輪になって、ペアを交代しながら、アイデアをひたすら出し合いました。頭で考える時間をあえて与えないことで、発想の飛躍を促す効果があります。また、ペアで出し合うことで、お互いの良いアイデアが取り入れやすくなるという側面もあります。

④アイデアスケッチ

スピードストーミングで面白いと思ったアイデアを、絵と文字で紙にラフスケッチしました。このように可視化することで、自分のアイデアをブラッシュアップし、全体で共有しやすくなります。

▶ アイデアスケッチを行う学生たち（画像提供：大分大学経済学部）

⑤ハイライト

アイデアスケッチを眺め、他の人が出したアイデアのなかで「これは発展しそう」、「ぜひ取り組んでみたい」と思うものをグループ内で選んでもらいました。

⑥ラピッドプロトタイピングと発展ブレスト

さまざまな形をした発泡スチロールやおもちゃのブロック、紙粘土、模造紙、フェルトペンなどを用いて素早くプロトタイプをつくり、それをもとにブレストすることでアイデアを発展させていきました。机上の議論ではなく、身体とモノを使った試作と体験によってアイデアの良し悪しを判断する視点が生まれ、アイデアがどんどんブラッシュアップされていきました。

⑦プレゼンテーション

図5-1のようなプレスリリースを模したアイデアシートを使って、寸劇を交え、審査員に向けて4分間のプレゼンが行われました。

図5-1　アイデアシート

報道関係者各位
プレスリリース
2016年6月22日（水）
チーム名：

この度、私たちは、これまでのチケットに関する常識を覆し、

ユーザーの気持ちをどうさせる？　な体験

を提供するチケットを7月より開始します。

IMAGE

どんな特徴／価値観を持ったユーザー？　なユーザーの

ユーザーが潜在的に欲していることは何？　を解決するもので、

この特徴／機能は

-
-
-

です。

このチケットは、**どうやって提供する？ アプリ？　紙？ それとも…？**　形式で提供します。

これによって、大分トリニータと若者をつなぎ、
ひいては大分県の活性化を目指していきます。

探しに行こう。新しい源泉

（資料提供：株式会社富士通総研）

⑧審査結果発表

グランプリに選ばれたのは、チーム「さくっと」によるアイデアで、これは観戦と温泉を組み合わせた「タオルチケット」でした。このアイデアは、タオルそのものが試合と温泉のチケットとなり、トリニータと大分の魅力を同時に楽しむことができるというものでした。

他の賞には、好きな選手や希望していることなどの共通項をきっかけに仲間と出会える「グループチケット」や、トリニータのメインキャラクターであるリッジーを起用したゲーミフィケーション型のスマートフォンウェブサービス「リッジーミッション」のアイデアが選ばれました。

開催後の展開

アイデアソンの直後から、「タオルチケット」や「リッジーミッション」の具体化に向けて急ピッチで準備が進みました。タオルチケットは、地元の大分県旅館ホテル生活衛生同業組合と連携し、リッジーミッションは、地元のＩＴベンチャー企業と連携しました。

そして、約1カ月後の7月の試合で、両方とも実現に至りました。まずはユーザーの反応を見るために、シンプルな形に留めました。その後、タオルチケットは、大分の名産品のデザイン、使い方のガイド作成、販路の拡大などの改善を施して、11月の試合用のチケットとして第2弾が売り出されています。

これらの取り組みは、さまざまな学生の意欲を引き出し、主体的に関わってもらうことで実現しました。

コンセプトの構築、ターゲットユーザーの想定、ユーザー体験のストーリー作成において、学生たちは積極的に参加しました。さらに、大分FCのスタッフとともに、チラシ配布などの販促活動も行いました。購買した顧客へのヒアリング結果から、ティッシュカバーやブックカバーへの応用など、タオルチケットの新しい使い方も提案しています。

このようにして、実践を通じて人材育成を行いたい大分大学と、学生との共創を通じて若年層のニーズを知り、新しい事業を生み出したい大分FCの両者にとって、ウィンウィンとなるコラボレーションが実現しました。

今後、この取り組みをさらに拡大すべく、県内にある他の大学も巻き込んだ共創プロジェクトが進行しています。

ＯＳＴの観点からみたアイデアソン

今回ご紹介したアイデアソンは、ＯＳＴをカスタマイズした事例のひとつだと私たちは考えています。

大まかに言えば、スピードストーミングとアイデアスケッチは、ＯＳＴに参加するための「レディネス（心の準備）を高める」作業に相当します。また、アイデアスケッチは「テーマ出し」、ハイライトは「マーケットプレイス」、ラピッドプロトタイピングと発展ブレストは「分科会」の話し合いに相当すると考えられます。

また、運営側が参加者に対して、アイデアの内容について指示や指導を与えるといったコントロールを行ってはいません。どんなアイデアを出すのか、どのチームに入るのかは、自分の意志と判断で決定します。このようなファシリテーションや場づくりのあり方も、ＯＳＴの基本原則と一致していると言えるでしょう。

［参照］

- あしたのコミュニティーラボ
  http://www.ashita-lab.jp/
- 大分大学経済学部 Social Innovation Challenge for Oita
  http://www.ec.oita-u.ac.jp/sico/index.html

▶ プロジェクトから生まれた「タオルチケット」を持つ学生たち（両脇）と、中心メンバーの大分FCの河野真之さん（中央右）と富士通総研の黒木昭博さん（中央左）
（画像提供：あしたのコミュニティーラボ　撮影：川本聖哉）

CASE STUDY

伏見区役所――伏見をさかなにざっくばらん（通称「ふしざく」）

「自分たちのまちは自分たちでつくる」という住民主体の「自治の気風」が脈々と受け継がれているまち・京都。そんな京都では、未来のまちづくりについて、住民自らが一から考え、議論し、実現に向け、実践する市民組織として２００８年に創設された「京都市未来まちづくり１００人委員会」をはじめ、先進的な市民活動が活発に展開されてきました。

また、こうした流れを受け、市内の各区でも自分たちが住む地元の魅力や思いを語る対話の場をつくりたいという機運が生まれました。そのひとつが、伏見区で開催されている「伏見をさかなにざっくばらん」（通称「ふしざく」）です。「ふしざく」は、２０１２年の6月から始まりました。伏見区のまちづくりに関わりたい人が集い、１年間という期限を区切って、自分が関わりたい活動を議論し、実践していく活動です。会の命名には、誰でも気兼ねなく「ざっくばらん」に話し合いを行ってほしいという思いが込められています。

参加人数は毎期平均で50～60人で、年齢は20～60代以上の方まで、職業は学生、社会人、退職後の方まで、さまざまな人が参加しています。なかには、伏見区に縁があるけれど、今は別の地域に住んでいる方もいます。

事務局は、伏見区役所だけでなく、京都市の地域事業を支援する「まちづくりアドバイザー」、NPO法人の「場とつながりラボhome's vi」が共同で担っています。他にもさまざまな市民団体の協力を得て、「伏見に縁のある人たちが、出会って、語って共に創る場」をデザインしていきました。

現在では、毎年4月からスタートして翌年の3月まで、1年間活動する仕組みとなっています（図5-2、次頁）。定例会を毎月1回開催し、さまざまなワークショップ手法を取り入れながら、参加者同士の対話と交流を促しています。

このうち、2回目と3回目の定例会「チーム提案会」で、OSTを用いたワークショップを開催しています。自分たちが心から取り組みたいと思うテーマをとことん話し合い、活動計画まで落とし込むことを目的としています。出されるプロジェクト提案のうち、5〜6割は前期からの継続プロジェクトですが、毎年新しいプロジェクトアイデアも生まれています。

このあとにチーム登録を行い、チームメンバーとともに1年間にわたって力を合わせて活動していくことになります。

ふしざくの1年間スケジュール（2014年度版）

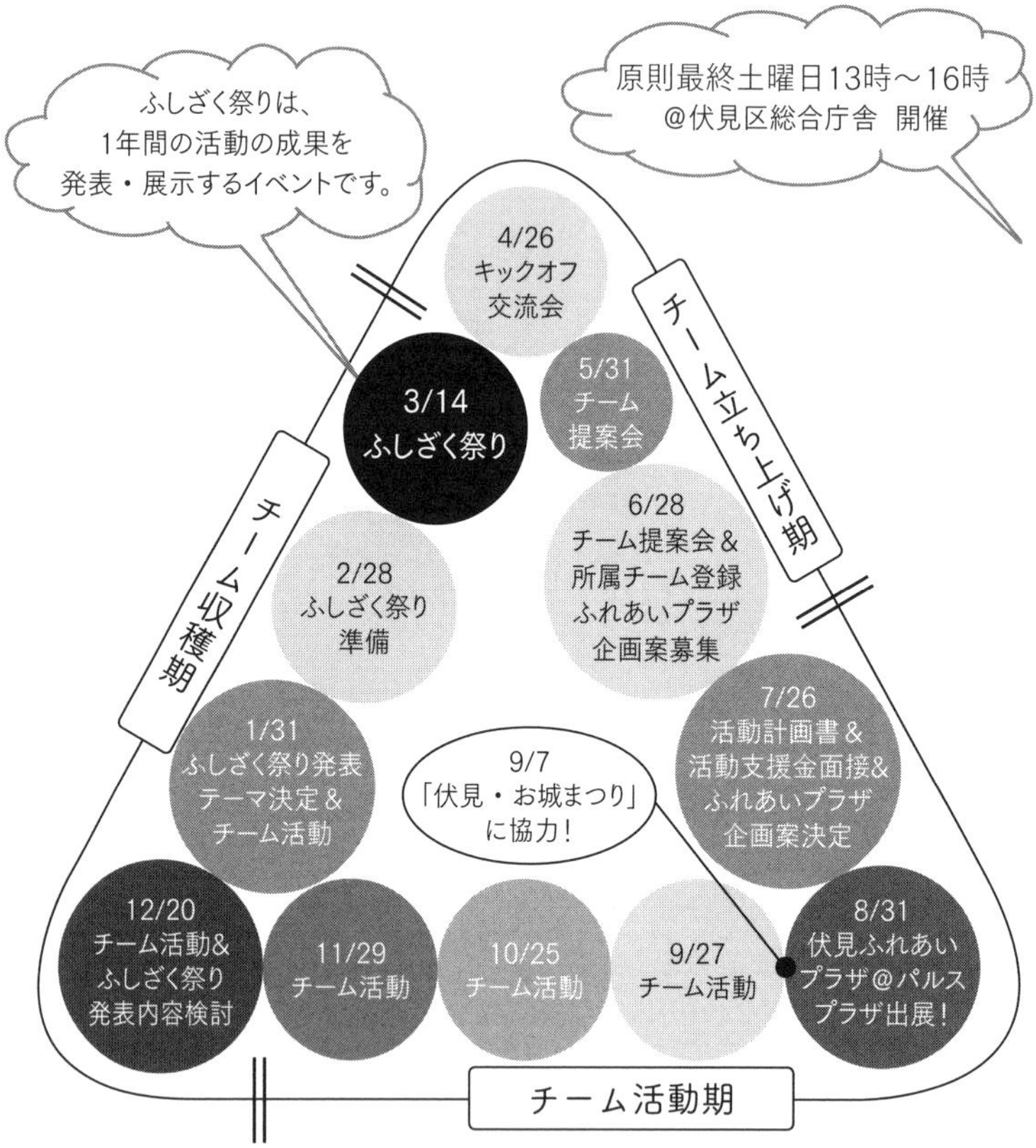

定例会後に開催されるリーダー＆有志会議では、
ふしざくの運営をより良くするため、参加者自身
と事務局が共に考え、方針を決定しています。

（場とつながりラボhome's vi提供資料をもとに作成）

図5-2　ふしざくの1年間の流れ

チーム立ち上げ期

第1回	4月26日	キックオフ交流会 ふしざくメンバーをお互い知ろうよ！
第2回	5月31日	チーム提案会
第3回	6月28日	チーム提案会＆所属チーム登録 ふれあいプラザ企画案募集
第4回	7月26日	テーマを共有する仲間とプロジェクト・チームをつくる 活動計画書の作成、ふれあいプラザ企画案決定

チーム活動期

第5回	8月31日	伏見ふれあいプラザ@パルスプラザに出展
第6〜8回	9月27日〜 11月29日	チーム活動

チーム収穫期

第9回	12月20日	チーム活動＆ふしざく祭り発表内容検討
第10回	1月31日	ふしざく祭り発表テーマ決定＆チーム活動
第11回	2月28日	ふしざく祭り準備
第12回	3月14日	ふしざく祭り（第1〜2期は、収穫祭と記述）

当日のプロセス

ここでは、２０１４年の第３期の事例を取り上げます。

3期目になると、継続して参加している市民は「ふしざく」の活動や進め方に慣れてきました。そこで、第2回（5月31日）の13時にスタートした冒頭のアイスブレイクはメンバーの市民が行うなど、進行プロセスの一部を担うようになりました。

---

①オープニング

当日の流れについて簡単な説明をしてから、テーブルごとにチェックインが行われました。

②ワールド・カフェ

2ラウンドのワールド・カフェ形式で「ふしざく」自体をテーマに、その振返りと、今後について考える対話をしました。

---

③オープンマイク

伏見に関するイベントについて参加者を募りたい人だけが、ひとり1分間でイベントについて話しました。

④チーム結成についてのガイダンス

OSTの話し合いをする前に、「ふしざく」で活動するときの注意事項として、次の2点が全員に伝えられました。

（1）「ふしざく」に参加するメンバーは、6月以降は原則としてどこかのチームに所属する。

（2）「ふしざく」のチームを結成するには、次の成立条件を満たす必要がある。

- 3名以上のメンバーがいること（支援金申請の場合のみ）
- リーダー会議に出席すること（リーダー欠席の場合は代理の出席可）
- 連携・協力に積極的であること

⑤テーマ出し

最初に、輪になって座った〈ふしざく〉メンバーに、チーム提案会の目的と、OSTのルールである「4つの原則」と「移動性の法則」の説明がありました。

さらに、参加者は、この地域で始めてみたいプロジェクトの提案をするように伝えられました。前期に活動したプロジェクトを今期も継続する場合は、昨年に引き続いて提案を行うことが求められました。

「チーム街コミ」、伏見「ゆるキャラ」大作戦など、13のチームのプロジェクトがA4の紙に書かれて提案され、壁に張られていきました。参加したいプロジェクトが書かれた紙に、メンバーは自分の名前を記入して、分科会の話し合いに参加するメンバーが決まりました。

⑥分科会

チームの提案を出した人が、チームをつくるに至った思いや目的、背景を、参加メンバーに語りました。参加したメンバーは、「このチームに、なぜ加わりたいと思ったのか」「このチームの活動として、やってみたいこと」を一人ひとりコメントしました。さらに、全員で意見を出し合い、チームの方針を決めました。

⑦チェックアウト

当日の話し合い全体を振り返って、チームごとに、一人ひとりが今の気持ちを他のメンバーと共有しました。

▶「チーム街コミ」の馬場信二さん（左）と、場とつながりラボ home's vi の丹羽妙さん（右）

開催後の展開

「ふしざく」は、ＯＳＴのアプローチや他のワークショップ手法などを効果的に組み合わせることで、市民主導のさまざまな活動を生み出すことに成功してきました。２０１４年以降は、毎年14チームほどが活動しています。たとえば、次のような多様な内容です。

●「伏見の昔話を掘り起こす会」……地域に古くから伝わる昔話を本にまとめる
●「伏見ゆるキャラ大作戦」……独自のゆるキャラを考案して、地域のイベントに出張して盛り上げる
●「蔵ジャズフェスティバルｗｉｔｈ日本酒をさかなに〝ざっくばらん〟」……酒蔵で音楽フェスを行いながら、伝統産業である日本酒についての理解を深めてもらう

「ふしざく」のプログラムが特徴的なのは、１年間のプロジェクトという区切りを設ける一方で、意欲があれば翌年以降も継続して参加できるような仕組みになっていることです。長期的に関わることで、市民の関わり方や問題意識にも変化が生まれ、少しずつ活動が発

展していきました。また、ふしざくへの参加がきっかけとなって、新しい活動に結びついた事例も数多くあります。

たとえば、初年度から参加された馬場信二さんは、仕事に没頭してきた人生を振り返り、退職後の人生は地域や家族のために貢献したいという思いを抱いていました。そこで「チーム街コミ」を仲間と立ち上げ、寄席、音楽会、食事会、散策などのイベントを通じて、世代間の交流や、独居高齢者の孤立化防止活動などを行ってきました。

活動を通じて馬場さんは、高齢者になってから孤立化してしまわないよう、中高年層の婚活支援をしたいという思いを抱くようになりました。そこで、チーム街コミの新しい活動として「40歳からの出会い塾」というイベントを始め、きょうと婚活応援センターの「婚活マスター」の資格も取得したのです。その活動が実を結び、結婚に至ったカップルも出てきたそうです。

「ふしざく」は、今後も継続して開催されることが決まっています。ワールド・カフェやOSTを用いた地域づくりの活動で、2012年に始まり5年以上続いている「ふしざく」の取り組みは、他の地域の活性化にも役立つモデルではないかと考えています。

［参照］

- 京都市伏見区役所「伏見をさかなにざっくばらん」
http://www.city.kyoto.lg.jp/fushimi/category/151-1-1-1-0-0-0-0-0-0.html

CASE STUDY

「田舎の宝カフェ」 地域おこしに頑張る人のつながりをつくる

開催までの経緯

私（大川）は、２０１１年から「田舎の宝カフェ」というイベントをＮＰＯ法人「えがおつなげて」と共催してきました。「えがおつなげて」は、都市と農村が共生できる社会づくりを目標に、２００１年に設立されたＮＰＯ法人です。

近年、地域活性化に携わる人が増えてきましたが、さまざまな問題にも直面しています。

「現地の人的なネットワークがうまく築けない」
「商品やサービスを開発しても、販路の開拓が難しい」
「資金が足りない」

そこで、各地で活動している人たちが集い、お互いの取り組みについて知恵やアイデアを出し合い、相互に支援するような場をつくることを目的として「田舎の宝カフェ」を始めました。

始めてから数年間は、先進的な実践者による講演とワールド・カフェを組み合わせて、参加者同士の交流と情報共有を促してきました。しだいに、参加者のなかから新しいプロジェクトに取り組む人が出てくるようになりました。そこで、参加者自身が主役となって、それぞれの実践につながるような場としてOSTを取り入れるようになりました。

今回は２０１４年６月に実施した「都市と農村を結ぶ企画と実践＋田舎の宝カフェ」の事例をご紹介します。

当日のプロセス

行政の担当者、NPO法人、企業、ボランティアなど、さまざまな立場で地域活性化に取り組む総勢40名の方が参加しました。田舎の宝カフェを共同で企画してきたNPO法人えがおつなげての曽根原久司さんの講演のあとにOSTを実施するもので、すでに取り組んでいる人や準備をしている人の背中を押すことを目的としました。

①本日の流れの説明

まず、私から開催趣旨と全体プログラムの説明を行いました。

②曽根原久司さんの講演「都市と農村を結ぶ企画と実践」

企業研修として地方の耕作放棄地を開墾するプログラムや、企業ブランドを冠した特産品の開発、旅行会社と連携した古民家に宿泊するサービスなど、さまざまな形で都市と農村を結ぶ事業について講演をしていただきました。

③アイスブレイク

3〜4人が集まって、自己紹介と、地域でこれからやってみたいこと、あるいは、これまで取り組んできたことについて、ひとり数分ずつ話してもらいました。

その後、参加者全員にサークル状に座ってもらい、私から、OSTの目的、流れ、4つの原則などのルールを説明しました。参加者のほとんどがOSTを知らなかったので、最初は少し不安気な様子でしたが、説明が進むにつれて安心感が生まれてきたと感じました。

▶ 参加者の発表にコメントする曽根原久司さん

④テーマ出し

　サークルの中央にＡ４の紙とペンを置き、地域で実践してみたい企画や、すでに実践している取り組みなど、この会で話し合いたいテーマがある人は中央に歩み出て、紙に記入して発表するよう促しました。

　すぐに、発表する人が現れました。他の人も続々と発表し、最終的に次の８つのテーマが出されました。

- 宮崎県　高原町の小水力発電でまちおこし
- 千葉県「君津大鷲の森」開発プロジェクト
- 東京オリンピックを契機にした、住民の主体的まちづくりへの参加の促進
- 栃木県　黒磯駅前商店街の再生プロジェクト
- 山梨県　養老の森プロジェクトの展開
- 富山県　立山山麓での森林セラピー
- 富山県　大長谷での都市農村交流
- 地域住民参加による江戸川河川敷のグラウンドづくり

⑤マーケットプレイス

テーマが書かれた紙をホワイトボードに張り出し、参加者全員に、話し合いたいテーマの紙に自分の名前を書いてもらいました。これをもとに、分科会のチームを構成しました。

⑥分科会

分科会は約1時間にわたって行われました。まず分科会のリーダーからメンバーに向かって、自分の企画を説明してもらいました。今回の参加者は、誰もが地域の課題を解決したいという真摯な思いを抱いていたので、分科会のメンバーは、自分がサポートできることやアドバイスを伝えていました。

応援する人の意欲も高く、会場全体の熱気は、私が経験したことのないほどのものでした。

⑦全体発表と振り返り

分科会で話し合われた内容は、各テーマの提案者が議事録シートに簡単にまとめました。その後、全参加者の前で、いくつかのチームに、分科会で話し合った内容を発表してもらいました。分科会で仲間を見つけ、すでに具体的なアクションプランを策定して発表する人もいました。

全体が終了してからも、参加者同士の活気あふれる交流が続きました。

当日のアンケートを募ったところ、次のような声が寄せられました。

「誰かにお任せするのではなく、自分たちでその場をつくり上げていることが楽しかった」

「まさに、出会いたい人に出会えたし、お互いが協力すれば、この企画は前へ前へと進むと感じた」

「地域づくりの話し合いの場で、住民主体のまちづくりに役立つと感じた」

開催後の展開

このワークショップから数年が経っていますが、現在でも、提案したテーマに取り組んでいる方が何人もいます。

「宮崎県高原町の小水力発電でまちおこし」のテーマを出した北原慎也さんは、ＯＳＴで仲間を得ることができ、新事業を実現しました。

北原さんは、もともと関心のあった地域活性化の活動をすべく宮崎県に移住し、学童保育クラブやイベントなどの運営に携わってきました。やがて、まちづくりには食料やエネルギーの自給自足が必要だと考え、一般社団法人「地球のへそ」を設立し、地元の自然を活かした小水力発電事業の実現に向けて活動するようになりました。しかし、情報収集や地域住民への相談などを行ってはみたものの、資金調達や事業の進め方がわからず、行き詰まってしまいました。

そんなとき、田舎の宝カフェのＯＳＴに参加し、先頭を切ってテーマを発表したのです。そこで、参加していた千葉エコ・エネルギー株式会社の一社員と出会い、千葉エコ・エネルギー株式会社がパートナーになることが決まったのです。その後、地域の役場や地元住民の協力を得られるようになりました。現在は、協議会のメンバーと協力して、高原町内で小水力発電事業の実現のために準備を進めています。

田舎の宝カフェは、その後も継続的に活動を行っています。今後も参加者の行動につながる場を生み出すために、ＯＳＴを用いた、参加者が主役になるワークショップを続けていきたいと考えています。

▶「次のアクション」を称えあう参加者たち

CASE STUDY

edcamp Kamakura ――鎌倉――

開催までの経緯

edcampとは、教育現場の課題を、学校の教師や教育に関心のある多業種・多業界の参加者で議論をする、学び合いの場です。そこでは、アイデアや知識を共有することで、教育の質を向上させることを目的としています。2010年に米国ペンシルベニア州のフィラデルフィアで第1回が行われて以来、これまで80以上の国と地域で1000回以上開催され、10万人以上の教育関係者が参加してきました。参加費は無料で、教育に関心があれば誰でも参加できます。

edcampでは、OSTの類似形式である「アンカンファレンス」と呼ばれるワークショップ手法を用いています。講演内容や発表者は、事前には決まっていません。参加者が自分の話したい内容をその場で考えて発表し、参加者全員で話し合うべきテーマを決めていく、まさにOSTの要素が詰まった対話の手法です。

日本では2016年9月に、日本語のワークショップとしては初となる「edcamp Kamakura―鎌倉―」（以下、edcamp鎌倉）が開催されました。主催したのは、民間企業の立場で教育に関わってきた小田理代さんが設立した団体です。

小田さんは、米国留学中にedcampに参加したのをきっかけに、帰国後、日本での初の開催に向けて動き始め、共感する仲間を集めて任意団体を設立しました。運営スタッフのあいだで、edcampの考え方やOSTの手法などを学ぶ勉強会を行いながら開催準備を進めてきました。

ワークショップの目的は、教育現場の課題解決に関心を持つさまざまな立場の人々が集い、問題意識や価値観を共有することで、それぞれの実践に活かせるアイデアを得られるような場をつくることでした。さらに、今回の開催で、edcampが日本中に広がっていくきっかけになればという願いも込められていました。

当日のプロセス

当日は、教職員、企業関係者、教職課程の大学生、行政・政府関係者など、幅広いバックグラウンドを持つ87名が参加しました。

① ネットワーキング

参加者同士で自由に交流してもらう時間です。

② 流れの説明

ｅｄｃａｍｐの基本的なルールとして、「誰もが主体的に対話を行う場であること」や「セッションのテーマが自分の関心と合わなければ、いつでも移動してよいこと」などの説明が行われました。また、主催者を代表して、小田さんがｅｄｃａｍｐ鎌倉の開催目的と、ｅｄｃａｍｐに対する思いを語りました。

③ テーマ出し

まず、参加者で3〜4人のグループをつくり、この場への期待や、自分が関心を抱いていることなどを話し合う時間を5分間ほど設けました。

次に、ｅｄｃａｍｐで話し合いたいテーマのある人が、そのテーマを付箋紙に書いて、「セッションボード」と名付けたスペース・タイム・マトリックスに張り出しました（次頁下の写真参照）。１セッションの所要時間は60分に設定され、

▶ 全体の流れの説明を行う運営スタッフ（撮影：谷端真依）

▶ 話し合いたいテーマのある参加者が「セッションボード」に張り出す
（撮影：谷端真依）

全部で3セッションが用意されました。どのセッション（時間帯）に、どの場所で話し合うかを表したのがセッションボードです。ファシリテーターによって類似のセッションの調整などを行った結果、全部で24のテーマにまとまりました。抽出されたテーマは、次のように多岐にわたっています。

●子どもの教育に関するもの

「人間性を育む教育とは」

「理科教育について」

「グローバル人財の育成」

●教師の視点

「なりたい職業で、教師がNo・1になるには」

「これからの教員養成課程でできること」

●学校運営の視点

「公立と私立の格差をどう解消するか」

「学費だけに頼らないマネタイズモデル」

● 国際的な視点
「教育のグローバルスタンダード」
「フィンランド教育は失敗か」

④ セッション開始

セッションは、60分×3回で行います。開始時間になると、参加者は各部屋に移動します。そして参加者同士で自己紹介を行い、発案者からテーマの内容や背景について説明されました。

各セッションでは、課題の共有から、各人の今までの具体的な取り組みの紹介、これから実践したい企画やプロジェクトまで、幅広く話し合われました。セッションの時間が終わって休憩時間になっても、熱気に満ちた話し合いが続くグループが多くありました。

⑤クロージング

すべてのセッションが終わるとホールに集まり、クロージングを行いました。そこでは、各セッションで話し合ったことを参加者同士で共有したり、このあと数カ月間にわたって行う活動などが発表されたりしました。活動の発表では、自分が暮らしている地域でedcampを開催したいという意見なども出ました。

当日、参加者に感想を聞くと、次のような答えが返ってきました。

「自分ごととして真剣に参加している人が多く、元気づけられた」
「自分がやってみたいと思っていたことを実行に移すために、参考になることがたくさんあった」
「このような場が、ずっと欲しかった」
「教職員、企業、行政の方々の、それぞれの立場を知ることができた」

小田さんたちは、日本におけるedcampの可能性について、確かな手応えを感じました。後日、各セッションの議事録を含めたレポートがまとめられ、参加者に配布されました。

開催後の展開

ｅｄｃａｍｐが日本に広がっていってほしいという小田さんたちの願いが通じ、ｅｄｃａｍｐ鎌倉の参加者たちの手で、続々とｅｄｃａｍｐが開催されるようになりました。これまでに、都留、東京、大阪、名古屋、横浜、塩尻、飯館など、全国各地に広がっています。また、ｅｄｃａｍｐ鎌倉に参加したことがきっかけとなり、自分の進むべき方向を見出し、リーダーシップを発揮して新しい活動を始めた人も多くいます。

都留文科大学の教職課程で3年生だった青野秀哉さんは、ｅｄｃａｍｐ鎌倉に参加するまでは、どのような教師になりたいか、何をすればよいのか、暗中模索の状態でした。しかし、参加したセッションで他のメンバーの熱い想いに触れるうちに、具体的に行動したいという強い気持ちが芽生えてきたそうです。

青野さんはすぐに行動に移し、学生の仲間とともに「つるっ子プロジェクト」を立ち上げました。このプロジェクトは、地域の子どもを笑顔にする場を提供することを目的としており、地元のＪＡや料理教室などと協力して、みんなで昼食をつくる子ども食堂「あつまれ！つるっ子！」や、学習支援などの活動を行っています。

さらに、２０１７年５月には、学生主導の教育フォーラム「都留から日本を変える！教育フォーラム」の企画運営を主導したり、教育関連書の読書会などを開催したりしています。現在は、生まれ故郷の姫路市でｅｄｃａｍｐを開催すべく、準備を進めているところです。

小学校の教員だった下向依梨さんは、知人からの紹介でｅｄｃａｍｐ鎌倉に参加しました。そこで、以前から関心を持っていたフィンランド教育について話し合う分科会に参加しました。対話を重ねるなかで、いろいろな方からヒントやアドバイスをもらうことができ、フィンランド教育を学びながら「豊かに生きるための教育とキャリア」とは何かを探究するような活動をしたいと思うようになりました。

ｅｄｃａｍｐに参加したあと、日本でフィンランド教育に関する講演などを行っているミッラ・クンプライネンさんと準備を進め、学校を退職して「Ｅｌäｍäプロジェクト」を始めました。Ｅｌäｍäとは、フィンランド語で「生活、生き方」といった意味です。

まずは、フィンランド人のミッラさんと教育やライフスタイルについて対話をするインターネット番組の発信を行いました。さらに、「豊かに生きるための教育とキャリア」に関するワークショップを開催して、参加者が自分のキャリアを探求できる場づくりを行っています。

将来的には、中学生や高校生に提供できる教育方法のプロトタイプを開発し、教師や教育関係者に広げていきたいと考え、精力的に活動しています。

edcamp鎌倉を主催した小田さんは、現在はEdcamp Japanのメンバーとして、edcamp開催をサポートする活動を行っています。会場の確保の仕方、広報、資金の集め方、チェックリストなどを提供したり、過去の主催者などに相談できる仕組みを整えたりしています。

［参照］

- Edcamp JAPAN
  http://www.edcampjapan.org/
- edcamp Kamakura —鎌倉—
  https://sites.google.com/site/edcampkamakura/

CASE STUDY

オンラインOST

ここまでは、参加者がひとつの場所に集い、直接に対面してOSTを実施する事例を紹介してきましたが、最近のテクノロジーの進歩に伴い、インターネットを活用して、遠距離の相手とOSTやワールド・カフェを開催するようになってきました。

ここでは、大規模なオンラインコミュニティの活性化にOSTをどう活用すればよいか、その事例を紹介します。

開催までの経緯

フェイスブックで3000人以上が参加する「反転授業の研究」というグループがあります。反転授業とは、「教室で授業を聞く→自宅で宿題をして復習」という一般的に行われている教室と自宅学習の役割を反転させ、「自宅で予習→教室でグループ学習」を行い、理解を深めていく授業法のことです。「反転授業の研究」グループは、ネットを利用した教育に幅広く関わっている田原真人さんが２０１２年に立ち上げたもので、オンラインでの勉強会やワークショップを通じて、反転授業やテクノロジーを活用した授業法に関する学びを深めていく場をつくってきました。

参加人数が大規模に膨れ上がっていくうちに、田原さんは、自分がいなければ勉強会が動かないことに気づきました。このままでは、田原さんが興味や関心を持つテーマだけを学ぶ場になってしまうおそれがあります。もっと、参加者自身の関心にもとづいた学びが促進できないだろうかと考えるようになりました。

そこで、自分がコントロールを手放すことを決意し、参加者が主体的になって、もっと自由に動く仕組みがつくれないか模索するようになりました。

ちょうどその頃、２０１５年に「Ｚｏｏｍ」という新しいウェブサービスが登場しました。Ｚｏｏｍとは、アメリカのZoom Video Communications社が開発したウェブ会議システムです。スカイプが少人数でのビデオ通話を目的としているのに対し、Ｚｏｏｍは、多人数でのオンライン会議やワークショップに対応した機能を備えています。１００人が接続しても通話が安定しており、小グループに分かれて分科会を行う「ブレイクアウトルーム」機能や録画機能、会議ページのＵＲＬを共有すればアカウントを登録していない人でも参加できることなどが特徴です。

田原さんはＺｏｏｍを活用して、まずワールド・カフェを行って参加者の意見を引き出し、反転授業が目指しているビジョンを共有しました。

このワークショップで手応えを感じた田原さんは、Ｚｏｏｍを使ってオンラインでＯＳＴを開催すれば、４０００人を超えたコミュニティの自己組織化を促進することが可能になるのではないかと考えるようになりました。そこで、２０１６年8月に初めてのオンラインＯＳＴを開催しました。

当日のプロセス

参加者49名で、小学校～大学の教員から教育サービス実践者まで、さまざまな職種の人が参加しました。また、北は宮城県から、南は熊本県まで、全国各地から参加者が集まりました。

今回のＯＳＴでは、すべてのプロセスを1日で行ったのではなく、1日目はテーマ出しまで行い、分科会はフェイスブックグループの掲示板を活用して、提案者ごとに日程調整して開催するという形をとりました。

①チェックイン

ある程度人数が集まったときに、それぞれ自己紹介と、このOSTに期待することを一言ずつ共有してもらいました。その後は、追加の参加者が登場するたびにチェックインをしてもらいました。

②目的の共有とOSTの説明

まず、田原さんが今回のワークショップの目的を共有しました。それは、「ゆらぎを増幅する体験から、未来の教育を立ち上げる、反転グループは何を創造するかを考える」というものでした。

次に、基本的なルールとして、誰もが主体的に対話を行う場であること、OSTの4つの原則、移動性の法則の説明が行われました。

③アイスブレイク

アイスブレイクとして、15分間のダイアログが行われました。

次に、ブレイクアウト機能を使って小グループに分かれ、ワークショップのテーマ「反転グループは何を創造するか」についてダイアログを行いました。

④テーマ出し

田原さんは、「テーマを出したい参加者は、話し合いたいテーマと名前を口頭で宣言したうえで、Ｚｏｏｍのチャット画面に記入するよう」に伝えました。田原さんは、チャットに記入された内容をグーグルのドキュメント機能を使って箇条書きにして見やすくまとめ、それをＺｏｏｍの画面共有機能を使って参加者が確認できるようにしました。

今回は、合計15のテーマが提案されました。その一部を紹介します。

- 他の教員と授業を創る
- 誰でもできる国際理解教育
- 反転初心者のための「お悩みを語り合う会」
- 高校のベテランの先生たちが、助けてと言える学びの場、お悩み告白会
- オンラインで動く絵本をつくろう。白板ソフトでプログラミング
- 地方でAlternative Schoolに通わせたいが、そうもいかない子どもを救済する方法

テーマ出しまで行った時点で終了時間となったため、それ以降のプロセスは後日改めて開催することにしました。田原さんが、テーマの提案者に対して、今後の進め方について説明しました。

［検討テーマの提出と分科会の開催］

2日後までに、新しくつくったフェイスブックのグループ「反転オンラインOST会場」に、以下の内容を投稿する。また、指定した日時に、各自で分科会を開催する。

- 議題
- 議長
- 参加者
- ディスカッション内容と提案
- 分科会の日時

［アクションプランの提案と実行チームの編成］
分科会の終了後、仲間と取り組みたいアクションプランを思いついた人は誰でも、「反転オンラインＯＳＴ会場」で提案する。アクションプランに参加したい人は自主的に集まって実行チームを編成し、その後の進め方を詰めていく。

開催後の展開

参加者からは、次のような感想が寄せられました。

「リアルよりもはるかに、自分がやってみたいことを話しやすかった」

「自分ごととして真剣に参加している人が多く、元気づけられた」

「自分がやってみたいことに共感してくれて、いっしょにやっていく仲間が見つかってうれしかった」

オンラインＯＳＴとその後の分科会を通じて、田原さんが事前に予想もしなかったアクションプランが次々と出てきて、多くの自走するチームができました。

たとえば、当時、京都精華大学で教授として教鞭をとっていた筒井洋一さんは、2013年から4年間、インターネットやSNSでボランティアを募り、「グループワーク概論」「情報メディア論」などの授業内容を、いっしょに考案しました。さらに、見学者も授業に参加してもらうというオープンな授業を行っていました。

OSTに参加した際、この取り組みを拡張して「他の教員と授業を創る」というテーマを提案し、協力者を募って活動を始めました。参加者の現場では、「学外の有識者とオンライン会議でつなぎ、学生と議論させる」「学生アシスタント制度を導入する」といった取り組みが始まりました。筒井さんは、この活動に関心を示した京都工芸繊維大学の津吹達也准教授から誘いを受け、授業に参画するようになりました。筒井さんは今後、同様の関心を持っている教員たちを支援していきたいと尽力されています。

また、宮城県の尚絅《しょうけい》学院大学で教鞭をとっている森田明彦さんは、若い人に海外への関心を持ってもらうようなプログラムをつくりたいと強く願っていました。そこで、オンラインOSTに参加し、「誰でもできる国際理解教育」というテーマを提案しました。

分科会を開催した結果、「ＧＯ！ｇｌｏｂａｌプロジェクト」というチームが生まれました。これまで、台湾の台中にある弘光科技大学とオンライン会議でつないだ合同授業や、山形県の九里学園高校で開催された「アメリカや東京、長崎、千葉を結んで高校生や留学生が対話するワークショップ」の企画などを実施しています。

このように、ＯＳＴで生まれたグループに触発されるように、さまざまな新しいプロジェクトが立ち上がるようになりました。オンラインＯＳＴがきっかけとなり、田原さんがコントロールしなくても、反転授業コミュニティのメンバーが自律的に動き出すようになったのです。

田原さんはこの経験を活かして、オンライン上での自己組織化のノウハウを多くの人に伝えるためのワークショップを開催しています。

反転授業コミュニティでは、これまで、オンラインワークショップの運営に慣れた人が、新たに始める人を支援することで、ノウハウを共有する循環をつくってきたので、田原さんがつねに関与しなくても、さまざまなワークショップが生まれるようになりました。このような仕組みを広げることで、オンライン上でのコミュニティを活性化したいと、田原さんは願っています。

まとめ

ここまで、具体的な事例を見てきましたが、特にこの数年間で、実に多様な形でＯＳＴが開催されていることや、新しいアクションに踏み出すリーダーがどんどん生まれていることを実感されたのではないでしょうか。もちろん、ＯＳＴをすれば必ず実践に結びつくとは限りません。しかし、問題の解決に向けて意欲のある人が参加すれば、想像以上のエネルギーが場に生まれ、その後の実践に結びつきやすくなります。

また、ここで紹介した事例はどれも、目的や参加者に応じた創意工夫を行っています。皆さんもぜひ、どの方法がご自身の状況に適しているかを考えるヒントとして、これらの事例を参考にしてみてください。

OST

終章

ＯＳＴが育むリーダーシップがもたらす個人、組織、社会のあり方

この章では、ＯＳＴの未来について考えてみたいと思います。今後、ＯＳＴがさらに広く、かつ頻繁に活用されるようになった場合、リーダーシップの孵化器として、ＯＳＴはどのような個人、組織、社会を生み出していくのでしょうか。

ＯＳＴが、職場や地域をはじめとして、あらゆるところで積極的に用いられるようになると、個人、組織、社会に、どのような変化が起こるのでしょうか。

それを、次のような流れで考えてみたいと思います。

❶一人ひとりが自らの思いや志を高め、その実現に向けて行動する
❷異なる組織をつなげるリーダーシップが醸成される
❸全員がリーダーシップを発揮する社会が実現する

では、順を追って、詳しく見ていきましょう。

❶一人ひとりが自らの思いや志を高め、その実現に向けて行動する

ＯＳＴが職場や地域で、さらに広く活用されるようになると、一人ひとりが次のような機会や経験を持つことが多くなります。

- 地域や組織の多くの人たちに、日頃から不安や懸念を感じていることを解決したいと伝える場がある。
- こんなことをやりたいと自分の夢や企画を伝えられる機会がたくさんある。
- 夢や企画を実現したり、課題を解決したりすることに関心のある仲間を集め、チームをつくることができる。
- そんなチームが課題解決や企画実現のための活動をスタートし、試行錯誤できる機会を持てる。

その結果、多くの人が先輩後輩という上下関係、組織の内と外の区分けを気にせずに、自由に意見を述べることができるようになってきます。さらに、組織内、業務における課

題に向き合い、自分が実現したい企画を練ることに時間をかけられるようになります。また、自分の能力を最大限に活かして、課題解決や企画立案にのぞみたいと考えるようになります。こうしたプロセスのなかで、自分の思いや志が育まれていきます。思いが強くなければ、企画を実行する段階で直面するさまざまな困難に打ち勝つことはできません。困難に突き当たるごとに、かえって思いや志が深まっていくはずです。

このように、OSTが用いられた環境にいると、志の高いリーダーが育ってきます。前章で紹介したOSTの実践事例を取材しているなかでも、OSTに参加したことで、リーダーシップをとって仲間との活動を始めた人がたくさん出てきました。

たとえば、edcampに参加して以来、学校や地域で自分がやってみたいことを仲間と協力して実現していく人がたくさん出てきました。自分の地域でもedcampを開催したいという人がどんどん出てきて、わずか1年で日本全国に広がっていきました。今も、全国各地で開催準備が行われています。

OSTから生まれた分科会がチームとなって目標に向けて動き出すと、メンバーは、果敢に行動していくリーダーとともに、試行錯誤を経験することになります。そんなリーダーに触発されて、自分も勇気を出して、温めてきた企画を試してみようと動き出す人が現れてきます。

ＯＳＴによって提供される場が成熟していくと、「言い出しっぺ」が損をしない場づくりが行われるようになります。そんな安全な場が生まれてくると、さらに積極的に行動しはじめる人が増えていきます。

そうした活動によって、地域や組織の課題が解決されたり、社会を革新するような企画が実現されたりするかもしれません。そこで新しい価値が生まれ、多くの人を喜ばせて感動を与えると、自分もそんな活動に加わってチャレンジしたいという人の思いを、さらに育んでいくでしょう。

思いと、それを育む場やチーム活動、そして価値創造の連鎖が、地域や組織に生まれて、さらに拡張していくことになります。

ＯＳＴに参加した方々は、おおまかに次のようなプロセスを経て、思いや志を育んでいきます。

（１）何らかの思いに気づく、あるいは情熱を感じて、ＯＳＴを用いたワークショップに参加する
（２）似たような思いや関心を持った仲間に出会う
（３）対話を通じて共通の思いを育んでいく

（４）思いの実現に向けて仲間と行動を起こす
（５）行動のなかで、仲間とともに思いを育んでいく
（６）試行錯誤し、時に失敗を経験することで、思いと志を強くしていく

❷異なる組織をつなげるリーダーシップが醸成される

組織は、相互に多様で複雑な形で関連しあうようになってきました。相互依存関係が広がるなかで、組織内の狭い範囲で問題を解決しようとしても、解決できないケースが増えてきました。解決するためには、組織の枠を超え、協力しあうことが求められています。組織内のアイデア出しだけでは、ブレイクスルーが生まれなくなってきています。

そうした状況のなかで、組織を超えた協働がなければ解決できない課題を解決するために最もふさわしい方法こそ、ＯＳＴなのです。前項の❶で箇条書きにした「４つの機会」がＯＳＴによって実現されるようになれば、異なる部門や業界にまたがる課題が浮かび上がり、ステークホルダーを集めて実行チームをつくることが可能となるのです。

自らの思いを起点として、社会的な課題を解決するために、自社の能力を最大限に引き出し、事業を創造することに挑戦する個人が企業のなかで数多く出現してきています。

組織の枠組みを超え、個人が外部と企業をつなぎ、共創を通じて社会的に価値のある事業を創造する活動を始めています。

そこで、国内の大企業でも、本社オフィスにオープン・スペースをつくるところが増えてきました。これは、外部の人が参加できるワークショップなどを開催する「場」です。そんな場に、競合他社や異業種の人たちが集い、社会的な課題を解決するために協働できる事業を模索したり、業界全体の構造的な問題の解決に力を合わせて取り組んだりすることが始まっています。

そうしたなかで、内に閉じこもりがちな組織を超えて、年齢、性別、役職を超えたチーム活動や、外部組織との連携において活躍するリーダーが生まれてきています。

前章の大成建設の事例では、ワークショップを通じて、多様なステークホルダーが集い、対話を通じて、今までの「建設ビジネス」としての関わりとは異なる他の企業や市民との関係を築き、協働のアクションを生み出していることがわかります。さらに、さまざまなテーマでの共創活動が「オープンイノベーション」のチーム活動として、社内外で展開されています。そんな活動のなかで、組織を超えた、異なる組織をつなげるリーダーシップが発揮されています。

また、大分FC×大分大学経済学部×富士通総研の事例では、大分県旅館ホテル生活衛生同業組合、大分FC、大分大学など、プロジェクトに関わったすべての方々が組織を超えたリーダーシップを発揮することで、タオルチケットが実現したことがわかりました。

OSTから、組織を超えて活動するリーダーが生まれてくるのは、参加した個人の思いや志から分科会のテーマが生まれてくるからです。そのテーマに、他の参加者が共感して、組織を超えて集まります。OSTが用いられた場では、分科会のメンバー全員が思いや志でつながり、組織の枠を超え、年齢や役職の違いを超えたリーダーシップを発揮して行動できると言えるでしょう。

❸全員がリーダーシップを発揮する社会が実現する

前述のように、OSTが組織の内部や組織の境界を越えて効果的に開催されるようになっており、OSTの考え方を日常のビジネス・プロセスとして展開している組織では、思いを育み、志を立てて行動していく人が増えています。さらに、組織を超えて活動する人も出てきています。その結果、「全員がリーダー」といえる組織が実現します。

OSTでは、参加者の行動をコントロールする管理者はいません。参加者の行動を律するのは「4つの原則」ですが、その内容は、すべてを参加者が決めなさいというものです。

そこでは、「決める人」と「決められたことを実行する人」という固定的な役割分担はありません。指示するだけの人と、指示されるだけの人がいなくなります。参加者全員が、積極的にリーダーシップを発揮することが期待されていますし、実際にリーダーシップを発揮することができるのです。

そのためにも、組織のなかで、強い思いと志を持った個人を活かす仕組みをつくっていくことが重要になってきます。そうした仕組みをつくるためには、組織全体で対話を重ね、思いや志の高い個人が組織を超えて活動しやすい組織風土をつくり、人材活用の仕組みをつくっていくことが必要になってくるでしょう。

さらに、ＯＳＴが組織や地域で活用されるようになると、全員がリーダーという社会が実現するかもしれません。いや、私たちはそれを願ってやみません。そこでは、ひとりの傑出したリーダーに依存することなく、誰もがリーダーシップを発揮できる世界になっていることでしょう。

付録

①OSTの「オープニングの台本」
②OST開催に関する「Q&A」
③「プロアクションカフェ」の進め方
④「マグネットテーブル」の進め方

①

OSTの「オープニングの台本」

OSTの「オープニングの台本」は、本文の第2章でも紹介しましたが、実際の開催にあたって使いやすいように、改めて簡潔にまとめました。主な項目は、次の9項目です。

①歓迎のあいさつ　②テーマの説明　③プロセスの説明
④4つの原則　⑤移動性の法則　⑥蜂
⑦蝶　⑧テーマ出し　⑨マーケットプレイス

1 歓迎のあいさつ

皆さま、こんにちは。
ご紹介いただきました○○です。

本日は、オープン・スペースにおいでいただき、ありがとうございました。

2 テーマの説明

さて、本日は、招待状にも書いてありましたように、○○について話し合うために、皆さんにお集まりいただきました。

開催に至った経緯には、○○といった経緯があります。

お集まりの皆さんは、このテーマに、情熱を持って取り組みたいと考えておられる方々です。ぜひとも、実りある1日にしたいと思いますので、よろしくお願い申し上げます。

ところで、お気づきのように、本日はアジェンダは用意されていません。これで会議ができるのだろうかと、不安を感じている方もおられるかもしれません。でも、ご安心ください。あと1時間もすれば、多くのテーマで壁がいっぱいになるでしょう。というより、こんなにたくさんのテーマについて時間内に話し合えるのだろうかと心配になるほどです。

3 プロセスの説明

本日の（今回の）ミーティングは、オープン・スペース・テクノロジー、すなわちOST《オーエスティー》という方法で行います。OSTは、1985年にアメリカのハリソン・オーエン氏によって始められました。OSTは、参加者の情熱と責任感によって運営され、複雑な課題について、短時間に具体的な成果を生み出す方法として知られています。

具体的な進め方は、とても簡単です。今回のテーマに関連したことで、皆さんが情熱と責任感を持って取り組めると思われるテーマをあげていただきます。ご自分が本当にやってみたいと考えるものを提案して、いっしょに取り組む仲間を募ってください。もし、何も思いつかないなら、それでも結構です。

ご自分の課題やテーマを思いついたら、このサークルの真ん中に出てきてください。そして、置いてある紙にテーマと、ご自分の名前を書いてください。書き終えたら立ち上がって、全員の前で「私は、○○というテーマについて、いっしょに話していただける人を探しています。私の名前は○○です」と大きな声で言ってください。一通りテーマが出されると、提案されたテーマについて話し合いたい人が集まって、分科会が行われることになります。

4 4つの原則

ここで、本日のミーティングの方法であるOSTの基本的な考え方について、ご説明しましょう。OSTには、「4つの原則」というグラウンド・ルールがあります。

第1の原則は、**「ここにやってきた人は、誰もが適任者である」**というものです。

これは、参加人数や、どんな地位や立場の人が参加しているかなどは、問題ではないということです。大切なのは、ミーティングにおける相互作用や会話の質であり、それが結果の質を左右するということなのです。

私たちにとって大切なのは、プロジェクトを成功させたいという情熱を持った人が参加しているかどうかなのです。ですから、「ここに参加している人は、すべて適切な人」だと思ってください。

さて、もしも、あなたが提案したテーマに賛同する人がひとりもいなかったら、どうしますか？　そのときは、2つの選択肢があります。ひとつは、あなたの提案を取り下げて、他の分科会に参加することです。もうひとつは、あなたがひとりで、そのテーマについて検討することです。話し合いは、2人以上でなければならないということはありません。誰も来なかったら、その重要なテーマについて、ひとりで情熱を持って取り組むための自由な時間ができたのだと考えてください。

第2の原則は、「**何が起ころうと、それが起こるべき唯一のことである**」というものです。

時として、思いもよらないことが起こるかもしれません。そんなときは、貴重な学びの機会だと考えてください。私たちにとって、驚きの瞬間は、成長のチャンスでもあるのです。ですから、そのような瞬間を大切にして、何が起ころうと、起こるべきことが起こったのだと考えることが肝心です。

精一杯、取り組んだ結果、起こったことを、「何が起ころうと、それが起こるべき唯一のことだ」と素直に受け入れることも大切なのです。

第3の原則は、「**いつ始まろうと、始まった時が適切な時である**」というものです。

話し合いが始まっても、なかなか良いアイデアが生まれてこなくて、不安になったり、焦ったりすることもあるかもしれません。創造のひらめきは、いつ湧き上がってくるかわかりません。創造的なアイデアは、何かに集中して取り組んでいるときにこそ現れるものなのです。焦ることなく、じっくり話し合いを進めていきましょう。

第4の原則は、**「いつ終わろうと、終わった時が終わりの時なのである」**というものです。

ミーティングは90分に設定されていますが、実際に始めてみたら、30分で必要な話し合いがすべて終わってしまったとしましょう。まだ60分も残っていますが、「いつ終わろうと、終わった時が終わりの時なのだ」と割り切って、終了することが大切です。

第4の原則には、それに付随して、もうひとつ明確な原則が存在します。それは、**「それが終わっていない時は、終わりの時ではないのである」**というものです。

時間がきても、まだ結論が出ていない場合には、改めて別の機会に集まれる場所と時間を設定することが大切です。

5 移動性の法則

ＯＳＴでは、「移動性の法則」という考え方を大切にしています。

参加者が、自分の学習に役立っているかどうか、場に貢献できているかどうかは、すべて参加者自身の責任なのです。ですから、分科会に参加したけれど、学んでいない、貢献できていないと感じたら、自分の意思で他の分科会に移動すべきだとするのが、移動性の法則です。

この移動性の法則を具体的なイメージで言い表したものが、「蜂」と「蝶」です。

6 蜂

「蜂」とは、ある分科会から別の分科会へ移動する人のことを言います。

昆虫の蜂は、蜜を求めて花から花へ移動することで、花の交配を手助けしています。おなじように、ＯＳＴにおける「蜂」も、他の分科会でどのようなことが話し合われているかを伝えることによって、アイデアの交配を手助けするのです。

7 蝶

「蝶」とは、どの分科会にも参加しない人のことです。蝶は、分科会には参加しないで、会場のなかを歩き回ったり、コーヒーを飲んでリラックスしたりします。しかし、蝶同士が話し合って、話し合いたい新しいテーマが生まれ、新たな分科会に発展する可能性もあります。

8 テーマ出し

さて、それでは、いよいよ始めたいと思います。

今回のテーマに関連したことで、仲間とともに話し合いたいというテーマをお持ちの方は、提案してください。もし、何も思いつかないなら、それでも結構です。ご自分が本当に情熱を持って取り組みたいと考えるテーマを持っている方は、提案をお願いします。

もし、話し合いたいテーマを思いついたら、サークルの真ん中に出てきてください。Ａ４の紙とフェルトペンがありますので、紙にテーマと、ご自分の名前を書いてください。そして、「私が話し合いたいテーマは〇〇です。私の名前は〇〇です」と、大きな声で発表してください。

次に、こちらの壁に張り出してある「スペース・タイム・マトリックス」のところへ行って、ご自分のテーマを話し合いたい時間と場所が書いてある付箋紙を剥がして、ご自分のテーマを書いた紙の右下に貼ってください。そして、その紙を「コミュニティ掲示板」に張り出してください。

では、どうぞ。

9 マーケットプレイス

他に提案したいテーマがある方は、いませんか？

……どなたもいらっしゃらないようなので、次のステップへ進みたいと思います。もし、他にテーマを思いついたら、本日の夕方もしくは明日の朝に追加提案するチャンスがあります。

さて、ご覧のように、コミュニティ掲示板が、これから話し合うテーマでいっぱいになりました。皆さんは、これから掲示板の前へ行って、改めて提案されているテーマをじっくりと眺めてください。

どの分科会に参加するかを決めようとすると、次のような問題が起こるかもしれません。

- 自分が参加したい分科会が、同じ時間帯になっている
- 話し合う順序を変えたほうがよさそうなものがある
- 似たようなテーマがあるので、いっしょにできそうなものがある

こうした問題を感じたら、テーマの提案者に相談してみてください。参加者の皆さんで話し合って、最も良い解決策を見つけてください。しかし、最終的にどうするかは、提案者の判断を優先します。たとえば、似たようなテーマだから、いっしょにしたほうが良いのではないかという相談があっても、相談された提案者が違う趣旨のものだと考えるなら、別々のテーマとして扱うことになります。

それでは、どうぞ始めてください。○○時に、またここで全体ミーティングがあります。それまで、各自で話し合いを進めてください。

②

ＯＳＴ開催に関する「Ｑ＆Ａ」

ＯＳＴを実施するにあたって、実際に参加者の方々から寄せられた、よくある質問と、その回答をご紹介します。

Q1 テーマ出しをする人が誰もいない場合は、どうすればいいでしょうか？

第2原則の「何が起ころうと、それが起こるべき唯一のことである」で考えると、無理やり出してもらうべきではありません。本当に出てこないなら、それはそれで仕方ありません。そのときは、それでやめましょう。

テーマが出るかどうかは、参加者が情熱を傾けて話し合いたいと思うテーマを持っているかどうかに左右されます。そのためにも、参加者のレディネス（心の準備）が十分高まるように、ＯＳＴを開催する前の準備を周到に実施し、目的の共有を行う必要があります。

Q2

ＯＳＴを実施すれば、行動やプロジェクトは必ず生まれてきますか？

ＯＳＴを用いたワークショップの終了後、つねに行動やプロジェクトが生まれてくるとは限りません。行動やプロジェクトが生まれてくるかどうかは、参加者がどれだけの情熱を持ってテーマに取り組むか、あるいは、分科会の対話の質にもよるでしょう。

そこで、ＯＳＴの開催前に、開催目的やテーマについて参加者に周知する、ワールド・カフェなどによる対話の時間を設けて、テーマに対する理解を深められるようにするなどの工夫をするとよいでしょう。

Q3

ＯＳＴをやりたいのですが、参加者が5人しかいません。この人数で、開催できるのでしょうか？

適切な人数を割り出す根拠があるわけではありませんが、経験上で言えば、5～6人でも可能です。5～6人いれば、意見の違いや関心の違いが出てくるので、分科会ごとに話し合う理由が生じてきます。

しかしながら、一人ひとりの参加者の貢献度合いが高くなるので、その分、責任は重くなり、ひとりのパフォーマンスが良くないと、話し合いの質や成果に大きく影響します。そのことは念頭に入れておいたほうがいいでしょう。

Q4 分科会には、どのくらいの時間をかけたらいいですか?

OSTでは、分科会で話し合われた結果を議事録に取りまとめておくことが期待されています。したがって、話し合いと議事録の取りまとめに十分な時間を確保することを考えると、経験的にも、各セッションは90分程度が適切であると考えています。また、セッションの回数は、1日に3回くらいが適当でしょう。

Q5 サークルは、つくらなければいけませんか?

OSTをやるならば、オープニングでサークルをつくり、参加者には輪になってもらうことをお薦めします。サークルは、OSTにおいて中核的なものです。

そもそも、OSTでは、なぜサークル状になって開催したほうがいいと考えてい

るのでしょうか？　それは、サークルの形になって座ることで、

- 平等で、上下関係のない立場で参加していることを確認できる
- 英雄の旅（ヒーローズ・ジャーニー）を演出できる
- お互いの顔が見える安心な場が醸成できる

と考えているからです。しかし、場合によっては、サークルをつくることができないこともあります。たとえば、開催を予定している会場の大きさが、サークルをつくるのに十分ではない場合です。その場合は、サークルで実現しようとしていることが他の方法で可能になるなら、必ずしもサークルをつくる必要はありません。

たとえば、対等で、顔の見える安心な場を醸成するためのワールド・カフェを何回か開催して代替できる場合もあります。また、ヒーローズ・ジャーニーのときなど、全員が見ている前方の場所に出てくるという形でもかまいません。いずれにしても、代替できるプロセスをじっくり検討する必要があります。

Q6 ワールド・カフェを、どのように組み合わせていったらいいですか？

ワールド・カフェは、OST参加へのレディネス（心の準備）を高めるために有効なので、OSTのオープニングの前に実施するのが効果的です。

OSTのオープニングの前に、OSTのテーマについて考えていることや感じていることを語り、他の参加者の意見や気持ちを聴いているうちに、

「自分はそのテーマに対して、どんな課題意識や関心を持っているのか」
「何について探求したいのか」
「どんな活動をしていきたいのか」

などに気づいたり、明確になってきたりします。

このようなワールド・カフェの話し合いを経ることで、OSTのオープニングで、他の参加者と話したいテーマが出しやすくなります。

Q7

ＯＳＴの実施が適切でない場合は？

ＯＳＴに取り組むことが適切でないのは、次のようなケースです。こうしたケースでは、ＯＳＴを実施する意味を見出すことができません。

- 「誰かが、すでに答えを知っている」あるいは「高い地位やスキルや知識を持っている人が、答えを知っている」と思いこんでいる場合
- 取り組みたいテーマについて、すでに会社の方針が決まっていて、変更の余地が残されていない場合
- 参加者が、そのテーマに関心や情熱を感じていないのに、強制的に参加させられている場合
- 主催者が、ミーティングの結果や参加者の行動をコントロールする必要があると考えている場合

③ 「プロアクションカフェ」の進め方

プロアクションカフェとは、２００８年にライナー・V・レオプレシュティンとリア・バーキによって開発された、最も新しいホールシステム・アプローチの会話手法です。ワールド・カフェ同様、カフェにいるようなリラックスした雰囲気のなかで、プロジェクトを前進させたい人（コーラー[1]＝提案者、プロジェクトを提案する人）と、そのプロジェクトをサポートしたい人（サポーター[2]＝支援者）が相互に影響しあい、プロジェクトを前へ進めていくことができます。

コーラーが提案した具体的なアイデアについて、１テーブル４名（提案者１名、支援者３名）で対話を行います。さらに、１ラウンドごとにサポーターが重ならないように席を移動しながら、３ラウンドにわたって、コーラーはさまざまな質問、情報やコメント、アドバイスを得ることで、目標達成に向けて具体的な行動につなげていきます。

多様な参加者の知恵を集め、具体的なアクションを生み出していく対話の手法として、現在、注目を集めています。

(1) コーラーは、種を蒔いて育て、花を咲かせて、近い将来、大きな実を取る人。

(2) サポーターは、花を咲かせるときに、受粉させるために、花から花へ飛び回るミツバチ。

さまざまな知恵を結びつけるワールド・カフェの役割と、OST（オープン・スペース・テクノロジー）のアクションにつながる対話のよいところを組み合わせた手法と言われています。

プロアクションカフェの標準的な進め方は、以下の通りです。

1 オープニング

主催者のあいさつに続いて、ファシリテーターの自己紹介を行います。

次に、プロアクションカフェ全体のスケジュールについて説明します。

2 コーラー（提案者）の募集

ファシリテーターがメインテーマを示し、コーラーを募集します。

コーラー希望者は、自分が進めていきたいプロジェクトをA4の紙に記入し、ひとりずつ参加者全員に伝えます。

その後、コーラーは、4～5人が座れるテーブルへ移動して、コーラー以外のサポーターも、各テーブルに分散して着席します。

3 第1ラウンド（25分）のテーブルごとの話し合い

問い「そのプロジェクトの背景（なぜ、始めようと思ったのか？　その思いとは？）とは、何でしょうか？」

最初に、コーラーがプロジェクトの概要を説明します。
その後、背景や思いについて語るところから、話し合いを始めます。

▼休憩（10〜20分間）

この間にコーラーは、「自分が気づいた内容の整理」をまとめておきます。
サポーターは、応援メッセージを記入してコーラーに渡します。
その後、他のテーブルのサポーターと会話します。

4

第2ラウンド（25分）のテーブルごとの話し合い

問い「プロジェクトを進めるにあたり、足りないもの、必要なものは何ですか？」

最初にコーラーは、プロジェクトの概要をもう一度、簡単に説明します。その後、1ラウンド目でどんな話し合いがなされ、どんな気づきがあったのかを共有し、プロジェクトで不足していることについて話します。

▼休憩（15〜20分間）

この間にコーラーは、次のような項目について、シートを整理します。

（1）自分自身について気づいたこと
（2）プロジェクトについて気づいたこと、学んだこと
（3）すぐ次に取りたい行動は？
（4）どんなサポートが得られると嬉しいか？

サポーターは、応援メッセージを記入してコーラーに渡します。
その後、他のテーブルのサポーターと会話します。

5

第3ラウンド（25分）のテーブルごとの話し合い

問い①「すぐ次に取りたい行動は？」
問い②「他にどういう支援が必要ですか？」

最初にコーラーは、プロジェクトの概要をもう一度、簡単に説明します。
その後、休み時間に整理したシートの内容を共有します。
特に（3）と（4）について話します。

▼休憩（まとめ。10〜20分間）

コーラーは、これまでの話し合いを、Ａ４の用紙にまとめます。
サポーターは、応援メッセージを記入して、コーラーに渡します。
その後、プロアクションカフェに参加した感想、また、今後どんなことに使ってみたいかを整理します。

6 コーラーの気づきの共有

各コーラーは、ひとり2分間くらいで、「気づき」や「具体的な行動計画」を発表します。

④

「マグネットテーブル」の進め方

マグネットテーブルとは、話し合うテーマを、主催者ではなく参加者自らが設定し、同じ課題意識や理想像を持った人と主体的にグループをつくって話し合う方法です。参加者一人ひとりの思いを大切にしたいという観点から考案されたものです。

進め方は、以下の通りです。

1 参加者に、用紙やペンを配布します。参加者は、自分ごととして取り組みたいテーマやアイデアを用紙に記入します。

2 用紙に記入したら、参加者はその用紙を見やすいように胸の前に持って、お互いの紙を見て歩き回り、できるだけたくさんの人と用紙を見せ合います。

3

次の3つのルールで、3~5人のチームをつくり、着席してもらいます。

- 自分と近いテーマを書いている人
- いっしょになると化学反応が起こりそうな人
- 自分の書いたものを捨ててもいいと思える案を書いている人

4

グループごとに、参加者は、自分が記入したテーマの背景を話し合って共有し、自分たちが共有する新たな問いを設定し、話し合いを始めます。話し合いが終了したあとで、話した内容を発表形式にまとめて全体でシェアします。

（出典：©NPO法人 場とつながりラボ home's vi）

あとがき

私たちは、職場や家庭、地域コミュニティで、多くの困難な問題に直面しています。そうした問題の多くは、多種多様な人々が関係していて複雑性が高く、自分では容易に変えることが出来そうもない、さまざまな制度の制約下にあります。こうした状況に目を向けると、閉塞感や絶望感に襲われてしまうかもしれません。

しかし、嘆いているだけでは何の解決にもなりません。経済界、スポーツ業界、大学教育のリーダーがよく口にするのは、〈行動することの大切さ〉です。そして、ワールド・カフェの創始者であるアニータ・ブラウンは、神経生物学者のウンベルト・マトゥラーナの言葉を借りて「会話こそが行動である」と言っています。

そうしたなかで、仲間とともに話し合い、何かを実現するために行動を起こす場が、まさしくＯＳＴなのです。

私たちは、これまでに企業やまちづくりの現場などで、さまざまな形で数多くのＯＳＴ

を実践してきました。そうした経験をするなかで、気づいたことがあります。それは、OSTが、新しい時代に求められているリーダーシップを育む孵化器だということでした。

OSTというオープンな場からは、第3章で紹介したように、強い志を持って、積極的に一歩前に踏み出し、権力ではなく影響力を行使してメンバーの力を引き出し、対話によって合意を生み出すリーダーが生まれてきます。私たちは、それを「OSTリーダー」と名付けました。そして、第5章の〈実践事例〉で紹介したように、実際にさまざまな分野でOSTが実践され、そのなかで「OSTリーダー」が行動を起こし、組織やコミュニティに多くの変革をもたらしていることには大いに勇気づけられます。

OSTは、ともするとワールド・カフェと同様に、単なる手法として理解され、安易にプロセスを進めている事例が散見されることは、とても残念なことです。

どんな手法も、その基盤となっている基本哲学を理解することによって、初めてその真価が発揮されると言えるでしょう。本書がきっかけとなり、今後OSTが目指していることが正しく理解され、実践の輪がさらに広がり、多くの「OSTリーダー」が活躍することを願っています。

本書は、多くの皆さんのご指導とご協力によって、出版にこぎつけることができました。

特に第5章では、たくさんの方々や組織から、ＯＳＴの貴重な実践事例をご提供いただきました。とりわけ、大成建設株式会社の小野眞司様、株式会社富士通総研の黒木昭博様、ＮＰＯ法人「場とつながりラボhome's vi」の嘉村賢州様、ＮＰＯ法人「えがおつなげて」の曽根原久司様、「ｅｄｃａｍｐ Ｋａｍａｋｕｒａ」を開催した株式会社ベネッセコーポレーションの小田理代様、「与贈工房」の田原真人様の皆様には、お忙しいなか、ご協力いただき、大変感謝しております。

私たちは、これまで数多くのＯＳＴの実践の機会を得てきました。その経験がなければ本書は生まれなかったと思います。ＯＳＴを使ったワークショップに私たちを招いてくださった主催者や参加者の皆さんに、心からお礼を申し上げます。

最後に、ＯＳＴに可能性を見出し、本書の編集を担当してくださった英治出版の下田理さんに、心からお礼を申し上げます。

２０１８年　春

香取一昭
大川　恒

『手ごわい問題は、対話で解決する』アダム・カヘン著、ヒューマンバリュー訳、ヒューマンバリュー、2008年

『フューチャーサーチ』マーヴィン・ワイスボード、サンドラ・ジャノフ著、香取一昭、ヒューマンバリュー訳、ヒューマンバリュー、2009年

『企業生命力』アリー・デ・グース著、堀出一郎訳、日経BP社、2002年

Harrison Owen, *The Spirit of Leadership*, Berrett-Koehler, 1999.

Harrison Owen, *Expanding Our Now: The Story of Open Space Technology*, Berrett-Koehler, 1997.

Peggy Holman, Tom Devane, Steven Cady, *The Change Handbook: The Definitive Resource on Today's Best Methods for Engaging Whole Systems*, Berret-Koehler, 2006.

"Conversational Leadership: Thinking Together for a Change", *Oxford Leadership Journal*, March 2010 Volume 1, Issue 2.

William Isaacs, *Dialogue and The Art of Thinking Together*, Doubleday, 1999.

参考文献

『ホールシステム・アプローチ』香取一昭、大川恒著、日本経済新聞出版社、2011年

『俊敏な組織をつくる10のステップ』香取一昭、大川恒著、ビジネス社、2012年

『ワールド・カフェをやろう　新版』香取一昭、大川恒著、日本経済新聞出版社、2017年

『学習する組織』ピーター・M・センゲ著、枝廣淳子、小田理一郎、中小路佳代子訳、英治出版、2011年

『コミュニティ・オブ・プラクティス』エティエンヌ・ウェンガー、リチャード・マクダーモット、ウィリアム・スナイダー著、野村恭彦監修、櫻井祐子訳、翔泳社、2002年

『U理論』C・オットー・シャーマー著、中土井僚、由佐美加子訳、英治出版、2010年

『ダイアローグ』デヴィッド・ボーム著、金井真弓訳、英治出版、2007年

『オープン・スペース・テクノロジー』ハリソン・オーエン著、ヒューマンバリュー訳、ヒューマンバリュー、2007年

『会議のリーダーが知っておくべき10の原則』マーヴィン・ワイスボード、サンドラ・ジャノフ著、金井壽宏監訳、野津智子訳、英治出版、2012年

著者プロフィール

香取一昭（Kazuaki Katori）

組織活性化コンサルタント、マインドエコー代表

1943年、千葉県生まれ。東京大学経済学部を卒業後、1967年に日本電信電話公社（現在のNTT）に入社。米国ウィスコンシン大学でMBA取得。NTTニューヨーク事務所調査役、NTT理事・仙台支店長、NTTラーニングシステムズ常務、NTTナビスペース社長、NTTメディアスコープ社長、NTT西日本常勤監査役を歴任し、学習する組織の考え方に基づいた組織変革を推進。現在は、ワールド・カフェ、AI、OST、フューチャーサーチなど、一連のワークショップ手法の普及活動を展開している。著書に『ワールド・カフェをやろう』『ホールシステム・アプローチ』（以上、日本経済新聞出版社）、『ワールド・カフェから始める地域コミュニティづくり』（学芸出版社）、『俊敏な組織をつくる10のステップ』（ビジネス社）など、訳書に『ワールド・カフェ』『フューチャーサーチ』（以上、ヒューマンバリュー）などがあり、組織変革、人材開発、マーケティングなどの分野での講演や論文多数。

E-Mail ● k.katori@gmail.com
関連サイト ● https://www.mindechoe.com/
https://www.facebook.com/mindechoe/

大川恒（Ko Okawa）

組織変革コンサルタント、HRT代表取締役
一般社団法人 地域ケアコミュニティ・ラボ　代表理事
ワールドカフェ コミュニティ ジャパン（WCJ）代表理事

1961年、北海道生まれ。早稲田大学第一文学部卒業。シカゴ大学経営大学院でMBA取得。地域包括ケア、農商工連携、地域活性化などをテーマに、ワールド・カフェやOSTを用いたワークショップや、ワールド・カフェ、OST、AI、フューチャーサーチなどのファシリテーター養成講座を開催している。また、以下のような共創型コンサルティングも展開している。

◇ダイアログ、ホールシステム・アプローチ（ワールド・カフェ、AI、OST、フューチャーサーチ）を用いた組織開発コンサルティング
◇学習する組織構築のための組織変革コンサルティング

著書に『ワールド・カフェをやろう』『ホールシステム・アプローチ』（以上、日本経済新聞出版社）、『ワールド・カフェから始める地域コミュニティづくり』（学芸出版社）、『俊敏な組織をつくる10のステップ』（ビジネス社）などがある。

E-Mail ● mail@infohrt.com
関連サイト ● http://www.infohrt.com/
http://areacare.or.jp/
https://sites.google.com/site/wholesyscafe/

● 英治出版からのお知らせ
本書に関するご意見・ご感想をE-mail（editor@eijipress.co.jp）で受け付けています。

また、英治出版ではメールマガジン、ブログ、ツイッターなどで新刊情報やイベント情報を配信しております。ぜひ一度、アクセスしてみてください。

メールマガジン	：	会員登録はホームページにて
ブログ	：	www.eijipress.co.jp/blog/
ツイッター ID	：	@eijipress
フェイスブック	：	www.facebook.com/eijipress
Web メディア	：	eijionline.com

人と組織の「アイデア実行力」を高める
OST（オープン・スペース・テクノロジー）実践ガイド

発行日	2018年 6月18日　第1版　第1刷
著者	香取一昭（かとり・かずあき） 大川恒（おおかわ・こう）
発行人	原田英治
発行	英治出版株式会社 〒150-0022 東京都渋谷区恵比寿南1-9-12 ピトレスクビル4F 電話　03-5773-0193　　FAX　03-5773-0194 http://www.eijipress.co.jp/
プロデューサー	下田理
スタッフ	原田涼子　高野達成　藤竹賢一郎　山下智也　鈴木美穂 田中三枝　安村侑希子　平野貴裕　上村悠也　山本有子 渡邉吏佐子　中西さおり　関紀子　瀧口大河
印刷・製本	大日本印刷株式会社
装丁	竹内雄二
校正	株式会社ヴェリタ
編集協力	ガイア・オペレーションズ

ISBN978-4-86276-252-8　C0034　Printed in Japan